我的三轮教育教学实验

孙维刚　著

图书在版编目(CIP)数据

我的三轮教育教学实验/孙维刚著. —北京：北京大学出版社，2021.8
ISBN 978-7-301-31134-9

Ⅰ.①我… Ⅱ.①孙… Ⅲ.①中学–教学研究 Ⅳ.①G632.0

中国版本图书馆 CIP 数据核字（2020）第 011742 号

书　　　　名	我的三轮教育教学实验 WO DE SANLUN JIAOYU JIAOXUE SHIYAN
著作责任者	孙维刚　著
策 划 编 辑	温丹丹
责 任 编 辑	温丹丹
标 准 书 号	ISBN 978-7-301-31134-9
出 版 发 行	北京大学出版社
地　　　　址	海淀区成府路 205 号　100871
网　　　　址	http://www.pup.cn　新浪微博：@北京大学出版社
编辑部邮箱	wddan@sina.com
总编室邮箱	zpup@pup.cn
电　　　　话	邮购部 010－62752015　发行部 010－62750672　编辑部 010－62756923
印 刷 者	三河市博文印刷有限公司
经 销 者	新华书店
	787 毫米×1092 毫米　16 开本　10.5 印张　250 千字 2021 年 8 月第 1 版　2023 年 8 月第 4 次印刷
定　　　　价	46.00 元

未经许可，不得以任何方式复制或抄袭本书之部分或全部内容。
版权所有，侵权必究
举报电话：010-62752024　电子信箱：fd@pup.pku.edu.cn
图书如有印装质量问题，请与出版部联系，电话：010-62756370

写 在 前 面

一、关于本书的名称

本书记述了我在北京市第二十二中学（以下简称"二十二中"）进行教学改革的实施过程和体验，但定名为《我的三轮教育教学实验》，却有失准确。因为在这17年中，我不断从集体中汲取力量和智慧，没有集体的努力，也便没有"孙维刚教育教学实验"的成果。

在党的十一届三中全会的方针路线指引下，我踏上了改革的征程。在二十二中成希春校长的直接领导下，在北京市教育局、东城区教育局和东城区人民政府的领导与关怀下，在北京市许许多多朋友和同志的帮助下，我的教育教学改革方案得以顺利实施。在二十二中良好校风的大环境下，我们班的其他任课老师，以卓有成效的工作支持我的教育教学实验；学生及其家长和我们心心相印，共同奋斗，栉风沐雨17年……因此，"孙维刚教育教学实验"其实是一项集体教学改革的代称。

但是，鉴于本书只是从我的认识角度来写的，我思忖再三，才选用了《我的三轮教育教学实验》这个不尽如人意的"名称"。

自1980年起，我开始进行从初一年级至高三年级的大循环实验，六年一循环，我教数学并担任班主任，进行教育教学改革实验。需要说明的是，自1990年5月至1992年8月的两年间，我因患膀胱癌，曾两次住院做了7次手术。其间，我不但继续原定的工作，而且，在1991—1992学年度，我同时担任高三（4）和初一（1）两个班的班主任和数学教师。这样，我用了17年的时间完成三轮大循环的教育教学实验。

二、一种现象引发我深深地思考

每当中考或高考成绩揭晓时，重点中学里一片欢腾，而普通中学常常举校感伤。

这是什么原因呢？

一次，一位在二十二中工作了30多年的老教师，满腹委屈地对我说："您看，就这么点儿事，我掰开揉碎地给他们（指学生）讲了8遍啦！这是今天考试的卷子，全班48人中有47人照错不误……您说咱们的学生可怎么教啊！我怎么教，他怎么不会，而人家重点中学的学生，我怎么教他怎么会，我不教他也会……"

我无言以答，在我们普通中学里，这些话几乎已成为老师们的口头禅了。能怪老师发牢骚吗？我看不能，因为这些话句句是实情。

（一）总体来说，一个学校成绩的好坏与生源有着密切的关系

还有一位在普通中学任教的老师，每次得到某重点中学的试卷后，就连夜刻印，第二天发给自己的学生做。他心想，你讲什么，我就讲什么；你做什么，我也做什么，我们将来肯定能追上你们！

其实，照这种追法，将来追得上才怪呢！

人家学校教的是什么学生？您教的又是什么学生？人家第二天作业收上来一看，偶有一点儿问题，课上只需一两分钟，三言两语点拨一下。而您呢，张张作业满脸花，其中的问题就是搭上一两节课也说不清楚。怎么办？讲不讲？不讲，等于没做；讲吧，今天的课又哪天讲呢？这种现象引发我深深地思考。我强烈地认识到学生智力素质的差异是出现这种奇异现象的根源。

21世纪国际竞争，主要体现在高科技和综合国力的竞争上。而高科技和综合国力的竞争，说到底，是人才的竞争，是头脑的竞争。

（二）事实上，人类社会发展到今天，也是一部人才竞争、头脑竞争的历史

"兵不在多而在精"，生动地点明了这个道理。

这与"社会由简单到复杂渐进发展"的规律并不矛盾，与"决定战争胜负的是战争的性质"的学说也不冲突。

人类在没能洞悉形势的微妙变化和掌握制胜之道之前，会不断地遭受挫折，因此延缓了胜利的到来。

回顾中国革命的历史，从中国共产党的诞生，到遵义会议的十几年间，几经挫折。后来，以毛泽东同志为核心的一批卓越领导人，高屋建瓴，精辟分析，把握时机，英明地制定了战略方针和政策，在和以蒋介石为代表的国民党的较量中，获得辉煌的胜利，建立了中华人民共和国。

在党中央制定的战略方针中，有一条是，在我军开展新式整军运动，这大大提高了我军全体战士的政治觉悟；同时，全军广泛学习文化，开展练兵，也提高了战士们的军事素质。这样，在政治素质和军事素质上越来越强的中国人民解放军逐渐壮大起来。虽然开始时他们的武器装备落后于国民党，但最终却打败了他们。我军领导人、指挥员和战士优越的素质，是正义的革命战争迅速胜利的重要基础。

而今天，随着科学技术的迅猛发展，人类进入信息社会这样一个全新的时代，这就要求从学校培养出的各级各类人才，必须具备优秀的思想品德和思维水平，才能适应一日千里的社会发展，才能适应瞬息万变的科技进步。

因此，我们继续坚持党的教育方针，坚持使受教育者在德育、智育、体育和美育诸方面都得到发展，成为有社会主义觉悟、有文化的劳动者，这从根本上体现了时代的特征和需要，与党的教育方针是一致的。

（三）素质的发展，是决定性的

从1986年9月入学的第二轮教育教学实验班开始，我把我的教育教学实验的总目标确定为：**大幅度普遍提高学生素质，为造就中华民族栋梁之材，打下良好基础**。

而1980年我给第一轮教育教学实验所确定的总目标并不是这样的。

二十二中不是重点中学。当时，小学升初中实行选拔考试，进入我们班的学生，都是没考上重点中学的学生。其中，有2个人报的是第二志愿，其他人报的都是第三志愿。东城区有4所市重点中学，3所区重点中学，我们学校的录取分数线当年在东城区排第9名。由于一些成绩好些的学生没来报到，因此我们又补进了一些成绩低于二十二中录取分数线的学生。

从这个实际情况出发，我当时确定的教育教学实验的总目标是：**为社会培养思想觉悟高、品德好、有较高文化知识和较强能力的合格人才。**

6年后，学生们的高考成绩令人振奋，全班只有1人没上线。蔡冰冰同学经过两轮选拔，成为北京市唯一入选首届数学奥林匹克国家集训队的成员。她进入北京大学物理学院后，由于成绩优秀，北京大学物理学院还专门向二十二中寄来了奖状。这件事，深深地鼓舞和教育了我们，我想到这样两点：

第一，世界上的一切都是人创造的，有时甚至会创造奇迹，我们也可以培养出北京市顶尖的学生。

第二，没有克服不了的困难。克服困难的前提是，方向正确，方法对头。

蔡冰冰考初中时没考上重点中学，但她不气馁，一直勤奋努力。蔡冰冰说，她关键性的变化是在1985年2月和我的一次长谈之后。那次谈话让她认识到，只把眼睛紧紧盯在知识上，只想如何全面地掌握知识，是远远不够的。更重要的是学习方法、思考方式和优秀的思维水平。从那以后，蔡冰冰时时从这些方面思考，对各种学习方法和思考方式重新进行审视，她的成绩突飞猛进。

我和其他的教师也觉察到她的变化。什么变化？智力素质的变化！

我强烈地意识到，未来的21世纪，世界经济竞争和科技挑战将空前激烈，中华民族需要栋梁之材。蔡冰冰的学习成长经历说明，提出这样的目标是有可能实现的，这是一个振奋人心、鼓舞斗志的目标。

就这样，从第二轮教育教学实验班开始，我们就确定了直到今天仍在遵循的总目标：**大幅度普遍提高学生素质，为造就中华民族栋梁之材，打下良好基础。**

如果您在阅读本书或观看视频课程中有难以理解的内容或者新的想法，欢迎扫描下面的二维码名片与我们进行微信交流。

二维码名片

简谈孙维刚教育教学理念

初中数学视频试看码

初中数学视频购买码

高中数学视频试看码

高中数学视频购买码

目 录

第一章　使孩子们变得聪明起来 ……………………………………………（1）
　第一节　两个方面缺一不可 …………………………………………………（3）
　第二节　不断发展和完善学生的智力素质 …………………………………（3）
　第三节　站在系统的高度传输和接受知识 …………………………………（4）
　第四节　更着重对哲理的发现和汲取 ………………………………………（19）
　第五节　让学生做课堂的真正主人 …………………………………………（27）
　第六节　题不在多但求精彩，学会一题多解、多解归一、多题归一 ……（41）
　第七节　从初一年级开始，就提倡和指导学生开展问题研究，练习写论文 …（90）
　第八节　我们极其重视的一件事情 …………………………………………（100）

第二章　始终如一抓德育的实效 ……………………………………………（101）
　第一节　话说"基础和归宿" …………………………………………………（103）
　第二节　通过班集体进行教育 ………………………………………………（104）
　第三节　建班方针落实的关键——班主任的行为是无声的命令 …………（106）
　第四节　虽非头等重要，却不可等闲视之 …………………………………（115）
　第五节　崇高的理想，产生巨大的力量 ……………………………………（121）

第三章　重视体育，热爱艺术 ………………………………………………（133）
　第一节　体育，是我们不可缺少的人生内容 ………………………………（135）
　第二节　我们的班级生活，绚烂多彩 ………………………………………（137）

第四章　让实践来验证 ………………………………………………………（139）
　第一节　身体素质和艺术素养健康发展 ……………………………………（141）
　第二节　智力素质显著提高 …………………………………………………（141）
　第三节　思想品德素质得到优化 ……………………………………………（147）
　第四节　延伸时间，展望未来 ………………………………………………（148）

第五章　言犹未尽，反思未已 ………………………………………………（155）

第一章 使孩子们变得聪明起来

第一节　两个方面缺一不可

当今时代，我们培养的人才应当具备优秀的思想品德（即德育）和思维水平（即智育），它们之间是什么样的一种关系呢？

我们知道一辆汽车由发动机、底盘、车轮、车厢等多个部件构成，它们由不同的车间分别制造。各种部件的尺寸必须有严格的标准，最后才能组装到一起，成为一辆能行驶自如的汽车。

造就一个人，更是如此。这就是说，德育和智育一定要统一在"现代化建设所需要的人才"的大标准下。人不是铸铁材料，活生生的人是有血、有肉、充满感情的，追求和奋斗是人的天性。人在情感、知识上的追求和努力，是息息相通、熔融成一体的，这是一个大课题。在教学过程中我认识到，德育和智育不但是缺一不可的两个方面，而且是熔融在一起的一个统一体，它们相互影响、相互促进、相互制约。

德育的成功，将有力地促进智育的开发过程；而德育的苍白或紊乱，将滞误智育的顺利发展。反过来，也是这样。而且，成功的德育是在科学的教育过程中实施的，而在智育开发的过程中学生又会不断地享受感情和陶冶情操。因此，德育和智育是密不可分的，它们肩并肩、手携手地同步前行。

然而，德育和智育毕竟又是两个方面，有着各自独立的内容。在我的三轮教育教学实验中，一方面，我始终坚持实实在在地抓德育，把它放在第一位；另一方面，我们师生共同摸索出一条教学和学习的新路，逐步完善了一套教学和学习上的科学做法。

第二节　不断发展和完善学生的智力素质

在总结第一轮教育教学实验教训的基础上，从第二轮教育教学实验班建班伊始（1986年9月），我就和学生们一起探索这样一条道路：

老师通过教授学生知识来培养学生的能力，学生在能力提高的基础上，不断发展和完善自己的智力素质，造就一个强大的头脑，最终让不聪明的学生变得聪明，让聪明的学生更加聪明。

这个探索，一直贯穿于我的第二轮和第三轮教育教学实验的始终。

有位哲人说过：当你把学校里学到的东西都忘掉以后，剩下的就是教育。应当说，这时学生所剩下的，才是学校和老师在他身上进行教学和教育的真正的成果。

初听起来，这段话前后矛盾，都忘光了哪里还有什么"成果"呢？而且还说是"真正的成果"。我的理解是，真正的成果，是知识之外的东西，是能力，更是能力之上的智力素质。

学生的能力和智力素质，是必须通过对知识的学习和掌握才能得到并发展的，这里有三层意思：

（1）智力素质是最高层次的，它是指人的思维方式和水平。也就是我们通常所说的聪明，具备了它，在任何困难或课题面前，我们都能恣意驰骋，运筹帷幄，决胜千里；它能逢山开路，遇水架桥，无往不胜。这不恰恰是我们所希冀的现代化建设人才所应具有的标准之一吗！

（2）能力的提高，智力素质的发展，不是凭空得到的。于老师，它们是通过知识的教学来影响学生的；于学生，它们是通过学习知识来得到的。

（3）老师通过教学，培养学生的能力，发展学生的智力素质。但这个教学，不是自然主义，随便怎么做都可以达到目的的，而是老师对施教过程中的每个环节、每个细节都要周密思考，精心安排，自觉地为实现"培养能力、发展素质"这个目标服务。

十几年来，在教学上，我做了许多尝试，大致有以下六个方面的体会。

第三节 站在系统的高度传输和接受知识

教师在教学过程中首先力争做到：

> 要让自己总是站在系统的高度教授知识，让知识总是以系统中的一个环节的面貌出现在学生的面前；同时，也要让学生总是站在系统的高度上接受知识、把握知识，并掌握知识之间的联系与规律。

"站在系统的高度"有三层意思。

（一）每个数学概念、定理、公式等知识的教学，都是在"见树木更见森林，见森林才见树木"的状况下进行的

下面举几个例子。

在小学，解应用问题是用列算式的方法，上中学后，则改为用列方程的方法，学生们一时间不适应这种改变。

这时，应当怎样解决呢？我听不少老师说过，初一代数的难点是：列出一元一次方程解应用问题。它之所以难，是因为学生脑子里根深蒂固地按列算式的方法解题的思维方式在捣乱。因而，学生们必须排除这个干扰！老师通常会告诉学生：一上中学赶紧把列算式的方法忘掉，忘得越干净越好，省得它影响学生掌握列方程的方法。因为列方程解应用问题比列算式解应用问题简单，所以以后学生看到一道应用问题，千万不要再往列算式上想了。

就这样，学生在小学时辛辛苦苦得到的劳动成果，全扔进废纸篓里了。

这是一个孤立、割裂地进行教学的典型例子。

列算式的方法果真那样"大逆不道"吗？其实，用列算式的方法所列的算式也是一个方程，不过只写了一半，如果在所列算式的后面加一个等号和 x，不就是一个方程吗？

一道用一元一次方程来解的应用问题，可以列出许多方程来解它，任选题目中的一个量(明确的或隐藏的),用两种不同的方式加以表达,中间用等号连接,就是一个方程。

当选择的这个量是题目所求的量,并且方程左端的表达式是 x,右端的表达式中不含有 x 时,那么,这个右端不正是用列算式的方法所列出的算式吗?!

由于列算式的方法限制了选择的这个量必须是所求的量,因此只需要写上一个 x 即可。事实上,这是把我们的思考集中到另一端,这就增加了思考的难度。一般情况下,一道可以采用列出一元一次方程的方法求解的应用问题,采用列算式的方法不如采用列方程的方法快捷。

但事物总是一分为二的,对一些非常简单的问题,杀鸡焉用牛刀?并不总是列方程的方法更快捷。

【例1-1】已知:两个数的和为72,差为28,求这两个数。

解 法

(1) 列算式的方法如下:

大数为 $(72+28)\div 2=50$,

小数为 $(72-28)\div 2=22$。

(2) 列方程的方法如下:

设两个数中的大数为 x,则小数为 $72-x$。

依题意有

$$x-(72-x)=28$$
$$x-72+x=28$$
$$2x=28+72$$
$$x=50。$$

则小数为 $72-x=72-50=22$。

可是,这哪里有列算式的方法快捷呢?

我们将列算式的方法和列方程的方法进行比较,还有另外一层含义。

那就是,列算式的方法为什么难?是因为方程的左端是 x,所以我们对题目的思考会全部集中到等号的右端;而列方程的方法,一般是把我们对题目的思考分担到等号的左右两端,这样每端的思考负荷都不大。

正因为如此,我们完成一个算式,不仅让思维训练的难度增大,而且收获也大。如果我们一味地在思维训练上怯难贪简,那么,在遇到一道复杂的应用题时,即使列方程可以在等号的左右两端分担它的总思考量,但每端的任务仍很繁重。对于一名思维训练强度比较低的学生来说,完成起来就会感到吃力。

站在系统的高度把握知识，在解一元一次方程的应用问题时，我们能够发现代数的方法包含了算术的方法，算术方法不过是代数方法的特例。这样的例子太多了，俯拾皆是。

例如，在学习一元二次方程的解法时，开平方法为：

对于 $ax^2+c=0$ ($a \cdot c \leqslant 0$，$a \neq 0$)，有 $x_{1,2}=\pm\sqrt{-\dfrac{c}{a}}$。

因式分解法为：

对于 $ax^2+bx=0$ ($a \neq 0$)，有 $x_1=0$，$x_2=-\dfrac{b}{a}$。

求根公式法为：

对于 $ax^2+bx+c=0$ ($a \neq 0$)，有 $x_{1,2}=\dfrac{-b\pm\sqrt{b^2-4ac}}{2a}$ ($b^2-4ac \geqslant 0$)。

我们只要留意做一下比较就会发现，开平方法和因式分解法不过是求根公式法中当 $b=0$ 和 $c=0$ 时的特例。

又如，高中教材里的余弦定理：

如图 1-1 所示，在 $\triangle ABC$ 中，
$$c^2=a^2+b^2-2ab\cos C。$$

我们发现，初中所学的勾股定理：

如图 1-2 所示，在 $Rt\triangle ABC$ 中，$\angle C=90°$，
$$c^2=a^2+b^2，$$

不过是余弦定理在直角三角形中的特例，也就是说，在 $Rt\triangle ABC$ 中，
$$\angle C=90°，有 \cos C=0，$$

因而
$$c^2=a^2+b^2-2ab\cos C$$
$$=a^2+b^2-2ab \cdot 0$$
$$=a^2+b^2。$$

反过来，余弦定理则是勾股定理的推广。

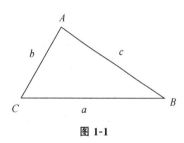

图 1-1

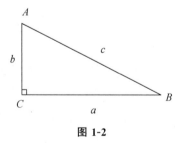

图 1-2

从欧氏平面到射影平面，从经典物理到相对论，无不反映了从特殊到一般，又站在推广了的一般的高度去讨论特殊的认识规律。这样的例子不胜枚举并且形成了一个又一个的系统，而一个又一个的系统之上又形成更大规模、更复杂的系统。这不仅是数学的本质表现，也是科学的本质表现。

【例 1-2】正比例函数 $y=kx$ ($k \neq 0$)，二次函数 $y=ax^2$，幂函数 $y=x^a$，指数函数 $y=a^x$，对数函数 $y=\log_a x$，比较它们的解析式中的常数 k、a 对函数曲线的影响。

分　析

这 5 个函数是分散在初三和高一①的不同时期学习的，除了它们都是函数这个共同点以外，它们完全是不同类型的。在教材里，它们也分别出现在不同的章节中。

但我们深入研究后发现，这 5 个函数的解析式中的常数 k、a 对函数曲线的影响十分相似，如出一辙。

那就是，当常数取遍它的定义范围时，函数曲线扫遍某个区域；当常数在它允许取值的范围内游走时，都是 0、1、−1，这些点起到了"分水岭"的关键性作用。

正比例函数 $y=kx$ ($k \neq 0$) 中的 k 决定着函数图象直线的位置。在这里，k 的符号（实质是"0"这个点）决定着直线所在象限的位置，当 $k>0$ 时，直线通过第一、三象限；当 $k<0$ 时，直线通过第二、四象限。$|k|$ 决定着直线的向上方向与 y 轴正向的夹角大小，当 k 值取遍 $(-\infty, +\infty)$ 上的实数时，直线绕原点旋转而且扫遍除 y 轴之外的整个坐标平面（这里要允许 $k=0$，否则也不包括 x 轴），如图 1-3 所示。

与一次函数一样，二次函数 $y=ax^2$ 中 a 的符号（实质也是"0"这个点），决定着曲线所在的象限位置。当 $a>0$ 时，抛物线通过第一、二象限（即开口向上）；当 $a<0$ 时，抛物线通过第三、四象限（即开口向下）。$|a|$ 也决定着曲线与 y 轴的相对位置状况，$|a|$ 越大，抛物线越贴近 y 轴（抛物线愈"瘦"）；$|a|$ 越小，抛物线越疏远 y 轴（抛物线愈"胖"）。当 a 值取遍 $(-\infty, +\infty)$ 上的全体实数时，曲线 $y=ax^2$ 扫过除 y 轴以外的整个坐标平面（这里也要允许 $a=0$，否则也不包括 x 轴），如图 1-4 所示。

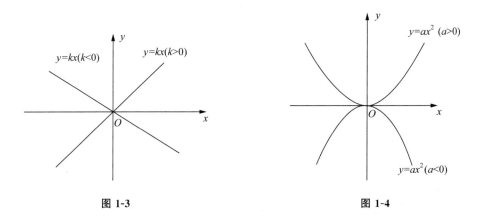

图 1-3　　　　　　　　　　图 1-4

---

① 本书中涉及的初高中教材中的知识是指作者写作时的教材中的内容，与现在的课程标准中的内容不能完全对应。——编辑注

与前面的两个函数一样，幂函数 $y=x^a$ 中的常数 a 也决定着曲线的位置和形状。当然，由于常数 a 的位置发生了变化，即从自变量 x 的系数位置，转移到了自变量 x 的指数位置，因此，常数 a 的符号[①]已不再决定曲线所在象限的位置，而是决定曲线是通过点 (0,0)（$a>0$ 时），还是通过点 (1,1)（$a<0$ 时）。$|a|$ 决定着曲线在各点的曲率情况，但与前面两种函数相同，a 取遍 $(-\infty,+\infty)$ 上的实数时，曲线扫过除直线 $x=1$ [不包括点 (1,1)] 以外的整个第一象限（这里也要允许 $a=0$，否则不包括直线 $y=1$ 在第一象限的部分），如图 1-5 所示。

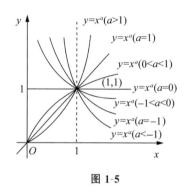

图 1-5

指数函数 $y=a^x$（$a>0$ 并且 $a\neq 1$），根据 a 的取值范围，我们以"1"为分界点来分析常数 a 对指数函数曲线的影响。当 $a>1$ 时，曲线从左向右呈上升状态；当 $0<a<1$ 时，曲线从左向右呈下降状态。当 $|a|=a$，a 取遍 $(0,+\infty)$ 上的全体实数时，曲线扫过除 y 轴正半轴 [不包括点 (0,1)] 以外的整个第一、二象限的坐标平面（这里要允许 $a=1$，否则不包括直线 $y=1$），如图 1-6 所示。

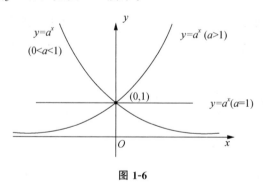

图 1-6

在第一、二象限的部分对数函数 $y=\log_a x$（$a>0$ 并且 $a\neq 1$）的情况与指数函数的类似，此外不再赘述。

通过上面的讨论我们发现，函数解析式中的常数在其所允许的取值范围内取遍时，影响着函数曲线扫遍某整个区域这个事实，这个惊人的相似（并且包括起着关键性作用

[①] 当 $a=0$ 时，$y=1$，是一个常函数。

的点 0、1、-1）启示我们，**事物之间的联系和规律，是我们深入探寻事物本质的一个途径，它也是一种系统。**

事实上，例 1-2 中的比较和归纳，远没有完结。也就是说，某个量的数值取遍某个范围，可以影响一条曲线扫遍某个区域，也可以影响一个点跑遍某条曲线，如此等等，不一而足。

例如，我们把解析几何中线段的定比分点公式放在上述的系统的观点中做一次探讨，如图 1-7 所示。

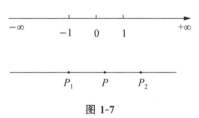

图 1-7

对于线段 P_1P_2 所在的直线 P_1P_2，P 是线段 P_1P_2 的分点，这里 $\lambda=\dfrac{P_1P}{PP_2}$。当 λ 从 $-\infty \to +\infty$ 取遍全体实数时，P 点跑遍整个直线 P_1P_2。

λ 和 P_1、P_2 的对应关系是：当 $\lambda=0$ 时，P 点和 P_1 点重合；当 λ 由 $0\to 1$ 时，P 点由 P_1 点向线段 P_1P_2 的中点移动；当 $\lambda=1$ 时，P 点在线段 P_1P_2 的中点上；当 λ 由 $1\to +\infty$ 时，P 点由线段 P_1P_2 的中点向 P_2 点移动，从 P_2 点的左侧无限接近 P_2 点，但不能到达 P_2 点 $\left(\text{为了使比值存在，由 }\lambda=\dfrac{P_1P}{PP_2}\text{ 可知，}PP_2\text{ 不能为 }0\right)$；当 λ 由 $-\infty \to -1$ 时，P 点从无限接近 P_2 的 P_2 点右侧，沿 P_1P_2 的方向，向无穷远方移动；当 λ 在数轴上从无限接近 -1 的 -1 点右侧向 0 连续取值时，P 点则从沿 P_2P_1 方向的无穷远方移向 P_1 点，直至 $\lambda=0$ 时，P 点再次回到 P_1 点。

再仔细研究一步，我们会发现更有趣的统一，即都是 $\pm\infty$ 和一个点的对应，直线 P_1P_2 上的 $\pm\infty$，与数轴上的点 -1 对应；数轴上的 $\pm\infty$，与直线 P_1P_2 上的 P_2 点对应，多么美妙！

限于篇幅，此处仅举了两个例子，意在说明当我们站在系统的高度进行知识教学时，便可发现"见树木更见森林，见森林才见树木"这层意思。

（二）在教学过程中，对于任何细节，老师都应鼓励学生追根溯源，凡事都去问为什么，寻找它与其他事物之间的联系，使学生对这种习惯根深蒂固

下面，我举两个例子来说明。

有一次，我在一所学校里听课，一名初一的小同学问他的数学老师："老师，您课上说，有理数是整数和分数的总称，'有理'，就是有道理的意思，我不明白，整数和分数这两种数有什么道理呢？"

多么好的问题！我在旁边听了后心想，这种强烈的求知欲正是我们求之不得的呢！

可是，这位老师却回答："这是数学上的规定，没有为什么！"

太遗憾了！太残酷了！

几经如此，学生思维的火花便将熄灭，而走上这样一条道路：学习时，他不再思考，而是刻板记忆，不求甚解，渐渐地、渐渐地，思维变得越来越麻木……

为什么把整数和分数的总称叫作有理数呢？其实，这是翻译上的一个失误。rational number，日本人把它译作"有理数"，我们在翻译成中文时就延续了这个错误。① rational 最常用的意义是：理性的、合乎情理的；但 rational 还有另外一个意思：比。rational number 是指"可以被精确地表示为两个整数之比的数"。

这样一来，真相大白，恍然大悟，再明白不过了。因为，分数本身就是两个整数的比。例如，$\frac{4}{7}$ 是 4∶7；而整数也同样如此，3 是 3∶1，也是 6∶2……因此，整数和分数总称为 rational number（可比数）。

如果老师不了解这个背景，则可以这样回答学生的提问：

> 这个问题我也不清楚，让我回去查查书，或者问问别人。不过我想，把整数和分数的总称叫作有理数，一定是有原因的。你的问题提得太好了，你忠实地执行了我们的学习方法中的一条准则，即凡事都要去问为什么，世界上不存在"没有为什么的事物"。

那位老师怎么能对学生说"这是数学上的规定"，而且又补充一句"没有为什么"呢？

事实上，科学（尤其是数学）上的任何规定，都是有"为什么"的，像符号的采用也是如此。

例如，"任意 x"之所以写成 $\forall x$，是因为若将 arbitrary x 缩写为 ax，容易引起人们的误解，把 a 大写后，Ax 仍是如此，于是人们便把 A 上下翻转后写成了 $\forall x$。又如，"存在 x"，之所以记作 $\exists x$，是因为把"存在"的英语单词 exist 取首字母后，e（或 E）与 x 连写仍易引起误会，而模仿 $\forall x$ 把 E 上下翻转后仍是 E，于是便想到把 E 向左翻转为 $\exists$。再如，为什么用 S、$\sum$ 表示"求和"呢？S 是 sum（和）的首字母大写，俄语里的"和"——Сýмма 的首字母也是 S（俄语字母中的 C 相当于英语字母中的 S）。如果希腊语里的"和"也是外来语，那么它的首字母是不是也是 S 呢？的确如此，希腊字母中的 $\sum$，相当于英语字母中的 S。

更有趣的是，为什么积分采用符号 $\int$ 来表示呢？它实质是一个拉长了的 S（和）。因为，定积分是"分割"，做"和"，取"极限"，是求"和"。又由于牛顿-莱布尼茨公式建立了定积分的计算与不定积分所求原函数之间的关系，因此不定积分采用了符号 $\int$ 来表

---

① "有理数"这一概念最早源自古希腊欧几里得的《几何原本》，明朝末期数学家徐光启和意大利学者利玛窦合作翻译《几何原本》的前六卷，他们将 λόγος 译为"理"，这个"理"在文言文中是"比值"的意思。而日本学者在研究欧洲数学的论著时参考了《几何原本》的中国译本，将在文言文中表示"比值"的"理"直译成了"道理"的"理"。清朝末期，中国的留学生到日本学习，又将这个错误的翻译引回国内。

示,定积分采用了符号 $\int_a^b$ 来表示。

这些知识本身或许并不重要,但形成一种有如"水银泻地——无孔不入"的思考方式,却是智力素质提高的一个表现。

【例 1-3】 三角函数是在初中三年级教材中的"解直角三角形"这章中首次讲到的,写出了对一个锐角 α 的正弦(sinα)、余弦(cosα)、正切(tanα)、余切(cotα)的定义。

下面以其中的正切为例,证明锐角 α 的正切 $\tan\alpha = \dfrac{BC}{AC}$,如图 1-8 所示。

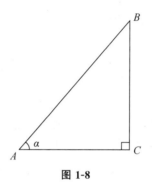

图 1-8

分 析

为什么把锐角 α 的对边与邻边的比值称作 α 的正切呢?教材上没有说明,老师也不讲,学生呢?绝大多数学生也不问,大概他们已经"习惯"当"听从命令"的学生了吧。而且也没听说,谁会因为不知道为什么这个比值叫作正切而在学习上遇到困难的。

上了高一以后,学生们学了三角函数的定义。例如,$\tan\alpha = \dfrac{y}{x}$,当 α 为锐角时,在 Rt△$OPP'$ 中(如图 1-9 所示),y 就是 α 的对边 PP',x 就是 α 的邻边 OP',这样就一致起来了。

但为什么要冠以"正切"这个名称并且用 tan 这个符号来表示呢?

其实,各三角函数最早是在单位圆上定义的,如图 1-10 所示,各三角函数是一些特定的线段长。

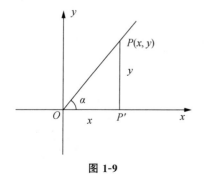

图 1-9

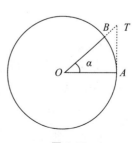

图 1-10

对于 α（∠AOB），从它的始边半径 OA 的端点 A 做圆的切线 AT，交终边半径 OB 的延长线于点 T，称切线段 AT 为 α 的正切线，AT 的长度为 α 的正切。

于是，"正切"二字的谜底就昭然若揭了。至于我们在教材上先学到的坐标平面内的 $\tan\alpha = \dfrac{y}{x}$，以及直角三角形中的 $\dfrac{\text{对边}}{\text{邻边}}$，实际上是把单位圆上的定义放在了直角坐标平面或直角三角形中相应得到的。

正切的英语单词是 tangent（它也有"切线"的意思），在数学中，取它的前 3 个字母 tan 来表示正切符号。

由于在英语中，前缀 co- 的本意是"共同、合作"，引申为"补充的"，因此余切 cotangent 简记为 $\cot\alpha = \dfrac{\text{邻边}}{\text{对边}}$，即 cotα 是 α 的余角的正切。在本例中，α 的邻边和对边分别是它的余角 T 的对边和邻边。

如果把本节（一）中所说的"树木"比做零件，那么（二）中所说的"细节"就表示众多的焊接点，遍地皆是。老师在培养学生逐渐养成思考的习惯后，这些寻根问底的工作主要由学生根据自己的兴趣来完成。那时，学生的智力素质就又上了一个台阶。

（三）在系统中进行教学，还有这样一层意思：濡染学生，使之养成"联想总是油然而生"的思维习惯

1993 年 9 月 8 日，《中国中学生报》上刊登的对曹珺同学的采访中有这样一段话：

> ……他很渊博，常给我们讲历史、讲军事、讲世界局势、讲地理风情、讲诗、讲足球……

《三联生活周刊》1997 年第 18 期刊登了对杨维华同学的采访（当时他已是北京大学数学科学学院的学生），他在采访中讲了这样一段话：

> 孙老师讲课很有"心计"，他在数学课上第一次写出 α、β、γ 时，从希腊字母讲到希腊文化，讲到欧洲，再讲到第二次世界大战；在讲到第二次世界大战时，他顺手画出军事地图……看似信马由缰，可他最后总能又回到原话题，非常到位，像是精心设计的一样。

的确，我的一堂数学课很可能随机转到对物理、化学、俄语、英语乃至田径、篮球、音乐等知识的讲解中。而且，就数学而论，我也常常会把讲课的内容从初等数学随机跳到高等数学，追溯数学史又展望现代数学的发展……

有时，这些讲课内容我也是有意设计的。

1. 从一道俄罗斯竞赛试题，启发学生的联想思维

1996 年一个秋天的下午，学校通知我，这几天在二十二中检查工作的东城区教育局的同志们想听我的课。我要讲什么内容呢？

当年 4 月，我国山东队代表中国参加第 22 届俄罗斯中学数学奥林匹克竞赛（决赛），领队是我的母校青岛第二中学的邹校长。回国后，邹校长给了我一套本次竞赛试题（他们在高中三个年级分别命题，两次考试一共 24 道题），我将这套试题翻译后给即将出国参加比赛的闫珺作为练习题。

本来我准备第二天在课堂上讲俄罗斯的十年级（对应我国的高二年级）第二试的第 2 题（10.6），在听到学校通知后，我立即返身到楼上把试题原文（俄文）复印了十几份（时间已晚，来不及复印 40 份）。

第二天上课后，我先把十几份复印件及几本《俄汉字典》分发下去，然后转身在黑板上默写下了这道题目：

> 10.6　Во взводе служат три сержанта и несколько солдат. Сержанты по очереди дежурят по взводу. Командир издал такой приказ:
>
> （1）За каждое дежурство должен быть дан хотя бы один наряд вне очереди.
>
> （2）Никакой солдат не должен иметь более двух нарядов и получать более одного наряда за одно дежурство.
>
> （3）Списки получивших наряды ни за какие два дежурства не должны совпадать.
>
> （4）Сержант, первым нарушивший одно из изложенных выше правил, наказывается гауптвахтой.
>
> Сможет ли хотя бы один из сержантов, не сговариваясь с другими, давать наряды так, чтобы не попасть на гауптвахту?

写毕，我开始讲课。

首先，我请手里有复印件的学生检查我默写的题目是否有误。学生们不会俄语，但总可以把俄语字母一个一个地辨认对照出来。当时陈硕同学指出，有两个单词各错一个字母。

我用俄语默写这道题目，有两个用意，其一，让学生们心里都想这样一个问题："年近六十的孙老师尚且如此，我当如何？"其二，让学生们思考一下："孙老师已经扔下俄语 34 年，他还能记得，而我们的英语只要放一放，就忘掉不少，这是为什么？"

其次，我说："今天，我不负责把这道题目译成中文，同学们自己先把它译成英文，进行分析后再用中文解出这道题目。"

最后，我请拿到《俄汉字典》的学生查一下 во 这个单词。作为高三学生，虽然没学过俄语，但查《俄汉字典》，也不是难事。

一位学生回答："字典上单词 в 和 во 是两个单词……"

"в 和 во 是一个单词，不是两个单词。"我打断他。

"孙老师，是您不对。"几位学生同时打断了我，他们指着手里的字典让我看，上面分明写着："в""во［前］①……"

"好！"我反问，"在英语里，'一位老人'怎么说？"

"an old man."他们立即回答。

"那么好，"我继续反问，"请你们查查《英汉字典》，告诉我 an 是什么意思？"

他们没查字典，又立即回答："不定冠词 a 的后面加上 n，意思不变，an 和 a 是一个单词。"

"一个学生呢？"我又问。

"a student."他们回答。

"这个 a 后面为什么不加 n 呢？"我不放过，继续反问。

"第一个音节发的是元音时，为了便于发音，才在 a 的后面加上辅音 n，这是英语的读音规则。例如，an hour，虽然 hour 的第一个字母 h 是辅音，但 h 不发音，/'auə/的第一个音节发的是元音……"他们中的一位口若悬河。

我立即插话："好极了，在俄语里，当前置词 в 后面的名词的第一个字母也是辅音 в，第二个字母也是辅音时，为了便于发音，要在前置词 в 的后面加上一个元音 o，这是俄语的读音规则，в 和 во 是同一个单词。"

这时，课堂上一片欢愉。我们常说的，在寻找联系与区别中进行学习，今天又那么亲切。

"请手里有字典的同学说说 в 的中文意思是什么呢？"我往下进行。

"一个意思是'到……里'，另一个意思是'在……里'。"一名同学读着《俄汉字典》上面的解释。

"在本题里，в 是指'在……里'。"我说。

学生们很自然地问我为什么。

我回答："汉语中的'在……里''在……上'，在俄语中分别用 в 和 на 来表示，而在英语中，分别用 in 和 on 来表示；如果要表达'到……里''到……上'，则英语中需加上介词 to，或改用 to，但在俄语中，仍用 в 和 на 来表示。这是两种语言，相似中有异，表示'到……里''到……上'时，в 和 на 后面的名词用第四格；表达'在……里''在……上'时，в 和 на 后面的名词用第六格。到这里，两种语言又表现了共性——任何一种成熟的语言，都有自己科学的逻辑系统。"

许多同学不停地点头会意。

"既然我说在本题中 в 表示'在……里'，那么，взводе 就是第六格，它的原形是 взвод，in English it's platoon."说到这里，我停顿了一下。

platoon（排）这个词同学们未必都学到过，但是，在进行过上面一段讨论后，大家应当理解到，由于 in English во взводе is in platoon，因此，在本题中，во взводе 是一个地点状语。这对于理解这道数学题的题意，足够了。

在课堂上，如果老师必须讲解些什么，那么我的主张是，在讲解的同时也要尽可能地给学生留出需要跳一跳才能够够得着的余地。在本章第五节"让学生做课堂的真正主人"中，我专门摘录《北京教育》杂志的记者刘书文老师的一篇文章《不培养只会"摘取果实"的人——22中特级教师孙维刚课堂教学印象》对这些内容进行了说明。

我继续说："题目中的служат是动词служить的复数第三人称。在这里，英语和俄语又有了相似之处：随着主语人称的不同，动词词尾要做相应的变化。但是英语和俄语又有区别，英语只在主语为第三人称单数时，谓语动词才变化；而俄语中的6种人称，动词一般都要做不同的变化。In English служить is served in the platoon，served 在本句中不是'服务'的意思，而相当于'there are'。"

这时，学生们马上意识到，后面的句子"три сержанта и несколько солдат"应当是本句的主语了。俄语里的主语可以放在谓语后面，也可以放在句末，或者其他位置，它的格表明着它的身份。

"往下，"我继续说，"три，从发音上听，你们联想到什么？"我又用俄语读了一遍три。

有几个学生举起手回答："Three."

"的确，In English три is three。"我说，"不过，我认为这完全是巧合，它们不会有一个是外来语，因为数词这种语言的基本用词（три和three在俄语和英语中都表示数词"3"）不会是外来语。"

我又说："три后面的сержанта，in English it's sergeant，它们之间倒是存在有一个是外来语的问题。сержанта和sergeant的发音几乎一样，字母拼写组成的对应关系也几乎完全相同，它们都是法语的外来语。"

说这番话时，我顺手在黑板上写下了这两个单词。我看到有人蹙起了眉头，有人在点头。

"哈，是不是认为我写错了，题目上写的是сержанта，而我这次写的是сержант？"

蹙眉的人点头了，点头的人却蹙起了眉头。

"在开始时点头的同学看看我猜的对不对。你们是想，因为前面有数词три，后面的名词就是复数。在英语中这时词尾一般要加s，那么在俄语中是不是也要加个什么呢？比如，加一个a。"

两拨人都点头了。

我接着说："太好了，应该说，第一次就点头的同学进行的两种语言比较的水平，已经领先了，是不是？事实上，汉语中表示多个人的时候不也要加个'们'字吗？"

学生们会心地笑了，他们又一次看到了不同国家语言的共性。

"不过，请别高兴得太早，"我又开口说："在俄语中，名词的复数不是加a。在一般情况下，硬变化阳性名词加ы，阴性和中性名词改ы；软变化名词相应地是и。而在基数词2、3、4后面的名词要用单数第二格，5以上基数词后面的名词则用复数第二格。因而，在три的后面，сержант要用单数第二格，阳性名词硬变化，单数第二格一般加a，就成了сержанта。喏！这是什么？是共性中的个性。"

这时，我感到班里的气氛有点儿压抑。

"害怕了？或者说，嫌烦了是不是？英语多好，名词变复数统统加 s，多省事！"我说道。

我停顿了一下，接着说："我刚才是笼统地说了英语名词复数的变化，公平来说，英语中既有名词复数加 es，又有 foot→feet 这种不规则的名词复数变化，甚至有根本不变的单复数通用的不可数名词呀！"

大家都笑了，异中又有同。

我说："请再看，异中之同不止于此。英语中的不可数名词，例如，water（水）没有复数，而俄语里 вода（水）也是单数和复数相同的。在英语中，名词的复数大多数加一个 s 就了事，特殊变化是少数，记住便是。而俄语的种类变化很多，这又表现出俄语和英语之间的差异。即俄语的名词变复数时的规则明确，大多数按规则变化，极少有特殊变化的情况。这反映了不同国家语言的又一种共性：尽可能地丰富，又尽可能地简便易行。"

这时，班里紧张的气氛开始缓和了。

我接着说："汉语中表示动物和人的名词，加'们'表示复数；非动物和人的名词变复数，则不能说'铅笔们'，怎么办？在前面冠以'一些''许多'等。而动物和人的名词变复数，既可以在后面加'们'，也可以在前面冠以'一些'，还可以前后同时变化，看需要而定。这么看来，这究竟是同还是异呢？

"既是同，也是异，你中有我，我中有你，同中有异，异中有同，这使我不由得想起咱们常常引用的老子的名句'祸兮福所倚，福兮祸所伏'。"

全班学生都会心地笑了。

"往下，这个 и……"没等我话音落定，许多学生举起手来。

学生们都认得这个俄语单词。

那是 5 年前的一次数学课上，我在讲命题联结的"或""与""非"时，为了说明两类连接词中"或"是单独一类，"并且""和""与"是同一类，除了从逻辑上分析之外，我还从翻译上对它们进行了一次解释。即英语中的 or 和俄语中的 или 都表示"或"的意思；而英语中的 and 和俄语中的 и 都表示"和""与""并且"的意思。之后几年的数学课上，or、and 和 или、и 时有出现，学生们都认得它们了。

我继续往下说："In English несколько is some，несколько 后面的名词要求用复数第二格，而 солдат 的复数第二格同单数第一格一样，还是 солдат，那么 солдат 是什么意思呢？"

我把 солдат 又读了几遍后问："像英语中的哪个单词呢？"这时，一名学生举起手。

"soldier！"她兴奋地说。

骤然间，很多学生猛醒过来，солдат 和英语中的 soldier 的发音如出一辙。

"солдат 和 soldier 中是不是有一个是外来语，或者都是另一种语言的外来语，我不敢下结论，但从词干上看，它们完全一样。从字母的对应关系分析来看，俄语中的 с、o、 л、д对应英语中的s、o、l、d，因而在起源上，它们是不是有关系呢？还有刚才提到的вода和water，发音也如出一辙，它们是不是也有关系呢？如果将来咱们班有人精通了这两门语言，那么请'王师北定中原日，家祭无忘告乃翁'啊！"

在一片笑声中，本题第一句的译析结束了。

接下来，我用这样的译析方法分析完了全文，大约用去半节课的时间。

最后，我请学生们基于自己对题意的理解，思考这道数学题，有十几个人解出了此题。我让其中一名学生上讲台讲了他的分析和解法。（在俄罗斯中学数学奥林匹克竞赛（决赛）中，第二试的4道题考试时长一共是5个小时。）

在没解出此题的学生中，有一些学生是因为中文意思没弄清楚。因为这道题需要每名学生在俄语和英语的对照规则中，分析出中文意思，所以学生之间就存在差距了。

此题的中文意思如下：

> 排里有3名军士和一些士兵，军士们按一定的顺序轮流值勤。指挥官下达了这样的要求：
> (1) 每一名值勤军士在他值勤时至少要向某个士兵发出一个命令；
> (2) 任何一名士兵的手中不能有多于两个的命令，并且从同一名值勤军士处领得的命令不能多于一个；
> (3) 任何两名值勤军士发出命令的记录不能相同；
> (4) 第一个违反上述要求的值勤军士要受禁闭处分。
> 那么，是否至少可以有这样一名值勤军士，在没有和其他军士商量的情况下，就能使自己一定不被关禁闭室？

前面说过，有些时候老师不需要把讲课内容给学生掰开揉碎地讲，不要让学生养成"衣来伸手、饭来张口"的习惯。不让学生那么"舒舒服服"，是我的另一个做法，后面我还要详述。

这堂课，学生还学到了什么？课后，雷易鸣对我说："孙老师，今天，我又一次得到了一个广阔的天地，世界那么大，又那么小，如此缤纷多彩，又这样清澈贯通。"

班上有的学生（温世强、陈硕）课余自学日语已经有一年的时间，有一天我在听到他们俩流利地讲着日语时，深有感触：**中学生，特别是高中学生，完全可以在寻找一件事物和它以外事物的关联中，更广、更深地向前发展。**

2. "信马由缰"地讲课

在高二第二学期的一堂习题课上，我和学生们讨论一道已知逆推公式求数列通项表达式的题目。

这道题目要求求出数列的通项表达式。如果把项数 n 看作自变量，那么所求数列是一个离散函数。求通项表达式与解方程的区别是：方程的解是数值。如果方程的解是函

— 17 —

数解析式，那么这个方程就是函数方程；如果方程的解是函数而且方程中又含有所求函数的导数或微分，那么这个方程就是微分方程。事实上，不定积分就是一种简单的微分方程……信马由缰至此，我们自然地联系到在物理上由加速度表达式求速度表达式，或由速度表达式求路程表达式，它们都用到不定积分，都是求微分方程的解。因此，这道题目的答案是函数表达式，并且会有一个常数 C_0。当给定一个初始条件时，我们才能确定这是一个特定的关于 t 的函数。

有时候，这种信马由缰只是一刹那。

有一次，我在课堂上和学生们讨论如何比较一个正项递减的等比数列和一个首项是正数的递减的等差数列。

在数轴上，正项递减的等比数列的各项向左前进，一步比一步小，奔向原点，但永远不会逾越原点这堵大墙，如图1-11所示。

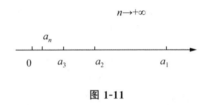

图 1-11

如果这个是首项是正数的递减的等差数列，那么情况又如何呢？尽管它第一步的步伐可能不大，但却是均衡、坚定地向左前进，随着 n 的增大，没有谁能阻挡它前进的步伐。这时，我自然地吟出一首辛弃疾《菩萨蛮·书江西造口壁》中的两句："青山遮不住，毕竟东流去。"当然，现在是"毕竟西流去"了，但这个"青山"是谁呢？是原点。图1-12所示的首项是正数的递减的等差数列在上一个正数递减的等比数列里，是不可逾越的高山，而今，它也"无可奈何花落去"了。

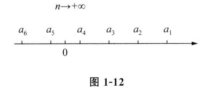

图 1-12

也有的时候，这种信马由缰是生动的解释。

例如，在直角坐标平面上，一对有序实数唯一地确定一个点的位置，这就像礼堂里座位的排号和椅背上的序号（也就是观众手上那张票上显示的座位）一样。因而，这对有序实数和点的位置是一一对应的。也就是说，每张票必对应一个座位，而每个座位，也必对应一张票。

那么极坐标平面上呢？这对有序实数的第二个数 θ，确定一个方向；第一个数 ρ 确定到原点的距离（当 $\rho \geqslant 0$ 时）。这用什么来比喻呢？我想到了在电影和电视中看到的火炮射击画面:在炮身的圆盘上,一名炮手用手摇一个水平放置的转轮,把方位(即 θ)调准;另一名炮手摇一个垂直放置的转轮,调整炮筒仰起的角度,确定射程,也就是目标到火炮所在位置的距离(即 ρ),这样着弹点就唯一确定了。对于确定好的一个方位,把火炮旋转一圈后,又可以回到这个方位,正如对于平面上一个确定的点一样,它的极坐标不是唯一的。

这里所谓的"信马由缰",或说是"见景生情",一般来说,它们不是"知识系统",但从"情"或"韵"的角度来看,它们不也是息息相通的吗?!

上文用了几个简单的例子,是想尝试说明我对于站在系统的高度进行教学的做法和认识,它们将起到的作用是:

(1)让学生站在系统的高度,对所学的知识进行八方联系,发现它们是那样盘根错节,又浑然一体,而在最后,竟如"漫江碧透,鱼翔浅底"一般,知识在手心里,了如指掌,不再是那一堆杂乱无章的瓦砾,或那一片望而生畏的戈壁滩。

(2)更重要的是,使学生的思维时时处在浮想联翩、思潮如涌的状态。

什么是聪明?我认为聪明有两个层次,第一个层次是"活",上面第(2)条便是"活"的养成过程。第二个层次(把握住哲学)将在下节着重详述。

第四节 更着重对哲理的发现和汲取

在人类历史上,很多著名的数学家、物理学家、化学家同时也是哲学家、思想家(例如,牛顿、爱因斯坦、笛卡儿、罗蒙诺索夫等)。尽管他们在哲学领域里的成就不像他们在各自学科领域内的成就那样耀眼,但他们都是站在哲理的高度进行观察和思考的。

哲学是从各个学科科学中抽象出来的更本质、更普遍的科学,我们只有把握住它,才有可能高屋建瓴、势如破竹、深入本质、切中要害。

(一)把握住哲学,是聪明的第二个层次——深刻与准确的养成过程,或者是形成聪明的核心

但是,对于中学生来说,这个过程不是先系统地学好哲学再用它来指导他们学习各门功课。就中学生的年龄和知识基础来说,他们要系统地学好哲学,是很难做到的。

这个过程,学生更不是学会一些哲学上的词,便能到处去贴标签的。

正确的做法应当是,在学科知识的学习过程中,学生要善于发现、归纳和研究对象的特点,从中再找出更普遍的规律,随时用它们指导新的学习或解决新的问题。同时,学生又要对这些规律进行修正或补充。这样,几经循环之后,学生便会用哲理的观点来思考遇到的问题。在这个过程中,老师应当适时地把一些哲学知识讲给学生。

四十多年前我还在上高一,一次课堂上我发现老师讲的内容以前讲过,但老师却把它作为新内容,正掰开揉碎地讲得津津有味!我甚至怀疑自己在梦中,苦苦思索后,我

突然明白了。首先，我并不在梦中；其次，今天老师也确实在讲新课，从本质上讲，今天的新课与之前学过的一个内容是相通的，甚至完全一致。因此，从这个意义上来讲，今天的"新课"不能算新课。

从那以后，这样的事时有发生，而且频率增加。上高二以后，我几乎每堂课都能找到和以前课堂上讲的相同的内容。上高三以后，更是如此。

中学要毕业时，我回顾五年所学的数学，不过就是那么几件事、那么几条道理，而且数学、物理、化学，甚至外语和语文（当时语文包括汉语和文学两门课程）也是一样的。

这个道理就是哲理，是思想。

华罗庚先生和中学生谈学习方法时，曾讲过，一本书读第一遍时，应当由薄到厚。从形式上看，这个"厚"是因为我们在书中写了眉批，甚至把想法写在小纸条上夹在书里，所以让书变厚了。从实质上看，这个"厚"，是因为知识的纵横联系拓展了理解，我们以后又读第二遍、第三遍……在融会贯通的过程中，进行提炼，领悟其本质、关键和核心，我们会发现书原来是那样深刻、精辟的一个见解或几条思想。这样一来，书读到后来，不就越读越"薄"了吗？

这就是学习中由薄到厚，再由厚到薄的过程。"薄"，就是抽象为数学思想，升华到哲理观点。

事实上，由薄到厚和由厚到薄这种提法的本身就是一分为二的，就是辩证法，就已经上升到哲理的峰巅。

【例1-4】已知：$a、b、c \in \mathbf{R}^+$，求证：$\sqrt{a^2+b^2}+\sqrt{b^2+c^2}+\sqrt{c^2+a^2} \geq \sqrt{2}(a+b+c)$。

分 析

做这道题时，估计很多学生会误入歧途，不能自拔。他们的证明过程如下：

由平均数不等式① $a^2+b^2 \geq 2ab$，可知

$$左 \geq \sqrt{2ab}+\sqrt{2bc}+\sqrt{2ca}$$
$$=\sqrt{2}(\sqrt{ab}+\sqrt{bc}+\sqrt{ca})。$$

做到这里，很多同学做不下去了，陷入泥潭。

但有的同学却"拔"出来了，他们怀疑这个思考方向是否正确。

（这是什么？"换个角度想问题"，是哲学上运动的观点。）

$\sqrt{ab}+\sqrt{bc}+\sqrt{ca}$ 是否真比 $a+b+c$ 大呢？如果我们很难从变形上看得出来，那么设个数试试看吧。

---

① 即均值不等式。

(这是什么？从一般性的证明，变到举一个特例进行检验，又是运动的观点。)

设 $a=4$，$b=9$，$c=25$，

那么，$\sqrt{ab}+\sqrt{bc}+\sqrt{ca}=31<38=a+b+c$。

显然，这个思考方向是错误的。

怎么办？我们再换个角度想问题。

(这又是运动的观点，"换个角度想问题"是灵活性的本质。)

从哪里入手呢？我们来对式子进行观察：

$\sqrt{a^2+b^2}$ 像什么呢？它会使我们联想起什么呢？

(这是我们在前面提到的致力培养学生"浮想联翩，思潮如涌"的能力。)

(1) $\sqrt{a^2+b^2}$ 使我们想到勾股定理，它是直角三角形的斜边表达式，而 $\sqrt{2}(a+b+c)$ 则是以 $a+b+c$ 为腰长的等腰直角三角形的斜边长。

(2) $\sqrt{a^2+b^2}$ 还使我们想到复数的模，它是 $a+bi$ 的模。

按照（1）的思路，我们得到了解法一。

解法一

构造腰长为 $a+b+c$ 的等腰直角三角形 CAB，如图 1-13 所示。

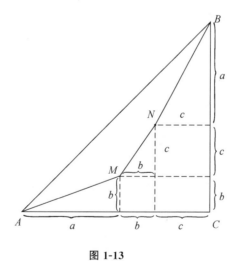

图 1-13

这里有

$$\sqrt{2}(a+b+c) = AB \leqslant AM + MN + NB$$
$$= \sqrt{a^2+b^2} + \sqrt{b^2+c^2} + \sqrt{c^2+a^2}。$$

当且仅当点 M、N 在 AB 上（此时 $a=b=c$）时，"="号成立。

按照（2）的思路，可以得到解法二。

解法二

设 $z_1=a+bi$,$z_2=b+ci$,$z_3=c+ai$,

则 $|z_1|=\sqrt{a^2+b^2}$,$|z_2|=\sqrt{b^2+c^2}$,$|z_3|=\sqrt{c^2+a^2}$。

$$|z_1|+|z_2|+|z_3|=\sqrt{a^2+b^2}+\sqrt{b^2+c^2}+\sqrt{c^2+a^2},$$
$$|z_1+z_2+z_3|=|(a+b+c)+(a+b+c)i|$$
$$=\sqrt{(a+b+c)^2+(a+b+c)^2}$$
$$=\sqrt{2}(a+b+c)。$$

由绝对值不等式

$$|z_1+z_2+z_3|\leqslant|z_1|+|z_2|+|z_3|,$$

有

$$\sqrt{2}(a+b+c)\leqslant\sqrt{a^2+b^2}+\sqrt{b^2+c^2}+\sqrt{c^2+a^2}。$$

在复平面上绝对值不等式中"="号成立的条件是:各加数的方向相同或其中有的加数为0,这时它们和的方向当然与各加数相同。本题中的3个复数的和如下:

$$(a+b+c)+(a+b+c)i$$

3个复数和的辐角是 $\dfrac{\pi}{4}$,那么,z_1、z_2、z_3 的辐角都应是 $\dfrac{\pi}{4}$。此时,$a=b$,$b=c$,$c=a$,即 $a=b=c$,也就是说,当 $a=b=c$ 时,求证的不等式的"="号成立。

其实,这道证不等式的代数题,我们也可以不用换个角度来想,即直接利用代数中的平均数不等式:

$$a、b\in\mathbf{R}^+,\sqrt{a^2+b^2}\geqslant\dfrac{\sqrt{2}}{2}(a+b),$$

当且仅当 $a=b$ 时,"="号成立。

解法三

由 a、b、$c\in\mathbf{R}^+$,可知

a、$b\in\mathbf{R}^+$ 时,$\sqrt{a^2+b^2}\geqslant\dfrac{\sqrt{2}}{2}(a+b)$(当且仅当 $a=b$ 时,"="号成立)。

那么,

$$\sqrt{a^2+b^2}+\sqrt{b^2+c^2}+\sqrt{c^2+a^2}$$
$$\geqslant\dfrac{\sqrt{2}}{2}(a+b)+\dfrac{\sqrt{2}}{2}(b+c)+\dfrac{\sqrt{2}}{2}(c+a)$$
$$=\sqrt{2}(a+b+c)。$$

当且仅当 $a=b=c$ 时,"="号成立。

恐怕这也是出题人本来就想让学生们采用的方法。

但大多数学生为什么想不到这种方法呢?因为课本上没有这个公式。如果老师补充它,会不会增加学生的负担呢?我觉得不但不会增加学生的负担,而且恰恰相反,学生

解题会变得更轻松。

高中课本上,只有以下公式:

(1) 对于 a、$b \in \mathbf{R}$,有 $a^2 + b^2 \geqslant 2ab$,当且仅当 $a = b$ 时,"="号成立;

(2) 对于 a、$b \in \mathbf{R}^+$,有 $a + b \geqslant 2\sqrt{ab}$,当且仅当 $a = b$ 时,"="号成立。

而且,课本中对这两个公式分别进行了推导证明。

但我在课堂上是这样进行的:

首先,我让学生们回忆了初一时学过的非负数 $(a-b)^2 \geqslant 0$,把它展开,得
$$a^2 - 2ab + b^2 \geqslant 0。$$
移项后,得
$$a^2 + b^2 \geqslant 2ab。$$

这时,黑板上的内容是:

$$(a-b)^2 \geqslant 0 \quad (a、b \in \mathbf{R}) \qquad ①$$
$$\Updownarrow$$
$$a^2 + b^2 \geqslant 2ab \qquad ②$$
$$(a、b \in \mathbf{R})$$

将②式的两边都加上 $2ab$,得到
$$a^2 + 2ab + b^2 \geqslant 4ab,$$
$$(a+b)^2 \geqslant 4ab。$$

当 a、$b \in \mathbf{R}^+$ 时,两边可取算术根,得到
$$a + b \geqslant 2\sqrt{ab}。$$

这时,黑板上的公式变成了:

$(a-b)^2 \geqslant 0 \ (a、b \in \mathbf{R})$ ①

$\Updownarrow$

$a^2 + b^2 \geqslant 2ab$ ② <u>两端都加上式子的"右边"</u>

$(a、b \in \mathbf{R})$ $\downarrow$

$a + b \geqslant 2\sqrt{ab}$

$(a、b \in \mathbf{R}^+)$

(二) 把高中课本上这两个散置的公式和初一代数中的非负数知识交织成一个小系统,浑然一体

但是,内容到此绝不应结束。从哲学的高度来看,对于上面的②式,既然把它的两端都加上它的"右边"能得到公式

$$当 a、b \in \mathbf{R}^+ 时, a+b \geq 2\sqrt{ab},$$

那么，对称的，把②式的两端都加上它的"左边"，得到

$$2a^2 + 2b^2 \geq a^2 + 2ab + b^2,$$
$$2(a^2 + b^2) \geq (a+b)^2。$$

当 $a、b \in \mathbf{R}^+$ 时，两边可取算术根，得到

$$\sqrt{a^2+b^2} \geq \frac{\sqrt{2}}{2}(a+b)。$$

这时，黑板上便显示：

$$(a-b)^2 \geq 0 \ (a, b \in \mathbf{R})$$
$$\Updownarrow$$
$$a^2 + b^2 \geq 2ab \ (a、b \in \mathbf{R})$$

两端都加上式子的"左边" $\downarrow$ $\qquad$ 两端都加上式子的"右边" $\downarrow$

$$\sqrt{a^2+b^2} \geq \frac{\sqrt{2}}{2}(a+b) \ (a、b \in \mathbf{R}^+) \qquad a+b \geq 2\sqrt{ab} \ (a、b \in \mathbf{R}^+)$$

一幅多么美丽的画面！

这就是让知识总是以系统中的知识的面貌出现在学生面前，让学生总是站在系统的高度把握知识，最终学生的眼前已不再是一望无际的瓦砾，一潭浊水变得清澈见底。

知识编织的关键在于画面的左半部，它是如何构思出来的呢？上面说过，它是从哲理的高度，从广义对称思想出发的：既然有过两端都加上式子的"右边"的操作，当然应该试试两端都加上式子的"左边"的操作。

"矛"和"盾"是对立的，但又互相依存。任何矛盾，都是由两个方面构成的，它们互相对立、互相制约，共存于一个统一体内，依据一定条件向对方转化。

我对矛盾的理解是基于上面谈的广义对称思想。

对称，就是事物的合理性。

本小节仅对于如何在教学中逐渐渗透运动、广义对称和矛盾对立统一的思想，举了一个例子并做了一些说明，但这并不是哲理观点的全部。例如，量变到质变的观点，一般和特殊之间关系的分析等，这对于提高学生的思维水平都有重要的意义和广泛的应用。

但其中最重要的是广义对称的思想，在后面我还将做进一步的说明。即使前面已说明运动和广义对称这两个思想，也远没有反映出它们的全貌。

例如，矛盾对立统一和广义对称思想中还包含着一分为二的观点，强调在一定条件下的比较和转化等。这些都在我们教学和学生的学习及思考过程中时刻表现出来。如果学生能注意运用，则可立即使他们的思考变得高瞻远瞩。

下面，我再举一个在解题过程中运用对称思想来思考的例子。

【例 1-5】一个四面体有两条高线相交，证明它的另两条高线也相交。

分析

这道题目很难，因为已知条件太弱了，而要达到遥远的结论，可谓"路漫漫其修远兮"。

有的学生，由于思考的盲目性，以为这 4 条高线应该交于一点，因此选择了证明"后两条高线过前两条高线的交点"这条绝路。

我们可以用广义对称的思想指导自己思考。由于前两条高线相交，后两条高线也要相交，因此这两组高线在地位上是对称的。于是，我们从前两条高线相交这个条件出发，展开推理，发展这个条件，只要前进到连接已知条件和结论条件的道路的一半时，就算大功告成了。由于对称性，后一半只要仿照前一半即可，我们眼下的关键工作是注意寻找这个"道路的中点"。

证 明

依已知条件画图，如图 1-14 所示。

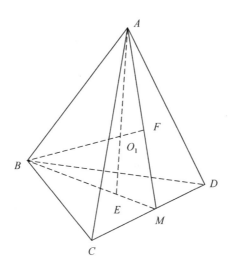

图 1-14

在四面体 $ABCD$ 中，$AE\perp$ 平面 BCD 于点 E，$BF\perp$ 平面 ACD 于点 F，$AE\cap BF=O_1$。

我们要证明的是：过点 C 向平面 ABD 作的垂线段 CG，与过点 D 向平面 ABC 作的垂线段 DH 相交。

由于 AE 与 BF 相交，因此，AE、BF、AB 就决定了一个平面，这个平面与平面 ACD 有交线 AF，与平面 BCD 有交线 BE。

在平面 ACD 上，AF 应与 CD 相交（因为 F 是 △ACD 内的一点），设交于点 M，那么点

M 就是平面 ABO_1 与平面 BCD 的公共点。根据平面性质的公理二①可知，BEM 在一条直线上，即 AF 与 BE 交于 CD 上的一点 M。

由 $AE\perp$ 平面 BCD 于点 E，有 $AE\perp CD$；

由 $BF\perp$ 平面 ACD 于点 F，有 $BF\perp CD$。

于是，$CD\perp$ 平面 ABO_1，因而 $CD\perp AB$，即 $AB\perp CD$。

好了，道路的"中点"找到了！

"中点"就在 $CD\perp AB$ 和 $AB\perp CD$ 这两个事实之间。

因为 AB 是连接两条高线 AE 和 BF 的出发点的棱，所以它与所对的棱 CD 垂直。而对于 CG 和 DH 这两条高线（CG、DH 是另两条高线，如图 1-15 所示），恰好对称过来，CD 是连接这两条高线的出发点的棱，AB 是它所对的棱。

既然 $AE\cap BF=O_1$ 能走出 $CD\perp AB$，那么对称地，从 $AB\perp CD$，就应能够走出 $CG\cap DH=O_2$。

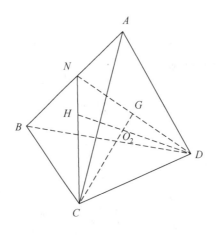

图 1-15

而且，前面走出 $CD\perp AB$ 这个结论的前一步是 $CD\perp$ 平面 ABO_1，那么，现在从 $AB\perp CD$ 出发的第一步，应是致力于证明 $AB\perp$ 平面 CDG 或者 $AB\perp$ 平面 CDH。

再往下，就如履平地了。

根据前面的证明，画的辅助线如图 1-15 所示。

这里，$CG\perp$ 平面 ABD 于点 G，$DH\perp$ 平面 ABC 于点 H，$CH\cap AB=N$，DN 是平面 DCN 和平面 ABD 的交线（现在，尚未证明点 G 在 DN 上）。

我们的第一个目标是，证明 $AB\perp$ 平面 DCN，即 $AB\perp$ 平面 CDH。

因为 $DH\perp$ 平面 ABC，

所以 $DH\perp AB$，即 $AB\perp DH$。

又由于前面已证明 $AB\perp CD$，

---

① 在《普通高中数学课程标准》（2017 年版 2020 年修订）中为"基本事实 3"。

所以 $AB\perp$ 平面 DCN（第一个目标实现了）。

所以平面 $ABD\perp$ 平面 DCN。

而 $CG\perp$ 平面 ABD 于点 G，

所以 $CG\subset$ 平面 DCN（如果两个平面互相垂直，那么经过第一个平面内的一点与第二个平面垂直的直线必在第一个平面内）。

因为点 G 在平面 ABD 与平面 DCN 的交线 DN 上，并且 $CG\perp DN$，

又因为 $DH\perp$ 平面 $ABC\Rightarrow DH\perp CN$，

所以在 $\triangle DCN$ 中，它的两条高线 CG 与 DH 必定相交于一点，记为 O_2。

就这样，一道难以下手、前途渺茫的题目，在广义对称思想的指导下，水到渠成地被"摘"下来了。

运用哲学思想，高屋建瓴，势如破竹。

事实上，上面举的例子，仍远远不能全面反映哲理的巨大指导作用。因为哲理的巨大作用发生于它和知识、思考融为一体时，如春雨落地，润物细无声。

"站在系统的高度传输和接受知识""更着重对哲学的发现和汲取"是最重要的两个做法，而第二个做法尤为重要。

第五节　让学生做课堂的真正主人

在课堂上，老师要给学生创造条件，造就学生的超前思维，让他们具有向老师（包括课本中的结论）挑战的态势，做课堂的真正主人。

在课堂上，什么样的学生是好学生呢？

如果一个学生特别专心，把老师在课堂上讲的知识，甚至每句话都听进耳朵中，记到心里，那么从课堂听讲这个角度来看，这算不算好学生呢？

还有人说，有的学生会听讲，知道哪些知识重要，能把老师最要紧的话一点儿也不漏掉地记住，而剩下的时间，还可以走走神，做做小动作。

我的看法是，从课堂听讲这个角度来看，他们都不是理想的好学生。

如果学生只是因袭老师在课堂上讲授的知识，那么他们只能停滞不前。人类能有今天的进步，从教学的角度来看，是许许多多优秀的学生创造性学习的结果，也是众多优秀的老师，自觉或不自觉地促成自己的学生不断超越自己的结果。正因为如此，科学才不断向前发展，社会才不断向前进步。

（一）把舞台让给学生

从某种意义上讲，我在自己班上所做的，是鼓励学生开展学习的"革命"，对于有异议的地方，可以"反对"孙老师。

如果争辩的结果是我错了，那又有什么不好呢？我觉得简直是太好了！

在课堂的争论中，若是老师的看法被推翻了，那么师生失去的只是错误，而得到的呢？除了正确的认识之外，更主要的是智力素质的发展，思维水平的提高。还有呢？还有勇气和信心。

有人说，如果打开了这扇门，学生们就会瞎提问题，钻牛角尖。

的确会出现这种情况，怎么办？

我们不是有辩证法吗？老师去引导、去驾驭，只要真理在自己手里，而且娴熟，功底深厚、宽阔，是不会出"乱子"的。

如果学生的看法是错误的，却偏偏要推翻老师所讲的正确内容，这样做会有什么坏处吗？没有！学生正是从"正确的内容"被打而不倒的过程中，深刻地体会到内容的正确性。

每轮教育教学实验班的学生我都要教他们6年数学，几乎每道例题、每个定理、每个公式，我都是引导学生自主动手完成的。学生们争先恐后，抢在我的前面想出题目的解法和定理的证明方法，甚至我刚刚写出定理的前提，他们就抢到我的前面猜想定理的结论是什么。再进一步，我瞻前顾后、审时度势，在需要建立概念的时候，试着让学生来定义。乃至，我刚说完一句话，学生们就判断出我的下一句话要讲什么了……

每个公式、每个定理，我都让学生自己动手推导。由于学生历尽险阻，熟知道路上的坎坎坷坷，他们必将对这些公式和定理印象深刻、记忆久远，甚至终生难忘。

更重要的是，日复一日，年复一年，当大脑高速运转习以为常时，不正是一个强大的头脑日臻成熟之日吗？

那么，我做什么呢？

我把舞台让给学生，自己退居幕后，引导有想法的学生到讲台上讲，去黑板上写，我则审时度势，以造就一个强大的头脑为目的并从眼前的实际情况出发，不时指点并引导学生。但我不是提示学生怎么做，因为提示只是把练习跳高的学生托过横杆去，学生此刻需要的是纠正错误动作和发展弹跳力。

这样上课，比我自己潇洒的"一言堂"（很无奈，我在电视台或外出的讲座只能是"一言堂"）要难出许多，学生的收获和进步却要大很多。这个道理，前面已经说过，正可谓"自己动手，丰衣足食"。

另外，老师讲，学生听，间或有些提问，其实质是学生在老师那块土地上采掘。而我把舞台让给学生，让一个个学生到前面来"慷慨激昂"，其结果是造成学生之间聪明才智的相互感染。这远比老师"一言堂"那块土地肥沃得多。

此外，处在这样一种气氛下，老师还需要维持课堂纪律吗？不需要了。学生们在踊跃向前、唯恐落后的心态下，哪还有心思说笑打闹、做小动作呢？倒是下课铃猛然打响时，许多学生吓了一跳，他们说："怎么这么早就下课了？我还没过完上课的'瘾'呢！"当学生真正成为课堂的主人时，老师维持课堂纪律、组织教学的任务就相对被淡化了。

有人说，这样上课，教学进度怎么办？一方面老师要等待学生把问题想出来，另一方面学生的表达又不清楚，必定会耽误很多时间。

开始时会出现这样的情况。随着学生们经历了这番学习过程而让自己的思维水平提高以后，教学进度将大大加快。

以我的第三轮教育教学实验班为例，在课时并不增加的情况下，我们在初中3年基本学完了中学6年的数学课程，而且还增加了许多教材上没有的内容（也包括大学的一些数学知识）。

（二）事实上，学生们蕴藏着巨大的智慧，往往是我们始料未及的

我在带第二轮教育教学实验班时，有一次讲到了高一代数中的周期函数不一定有最小正周期这个问题（学生们刚上初三，当时的教材中还没讲到这个问题），我问谁能证明，有不少学生回答说常数函数 $f(x)=a$ 就是周期函数，但它没有最小正周期，并且他们也完成了证明。

但这时，总有一点儿让人不尽兴，因为 $f(x)=a$ 毕竟太个别了，天底下难道就这么一个周期函数吗?!

面对一时间寂静的课堂，我只好准备自己构造几个没有最小正周期的周期函数。

不料，这时彭壮壮同学举起了手，他说道：

$$狄利克雷函数：D(x)=\begin{cases}1, & x是有理数,\\ 0, & x是无理数。\end{cases}$$

（狄利克雷函数，中学教材中没有讲过，但一年以前我们"信马由缰"时，向学生们提到过。）

对于它，由于任意一个有理数加上一个有理数后，还是有理数；任意一个无理数加上一个有理数后，还是无理数，因此任何有理数都是它的周期。但正有理数没有最小值，故这个周期函数没有最小正周期。

噢，多么简洁准确的回答！教室内顿时一派欢跃，赞叹声不绝于耳。我呢？一时惊愕。

偶然吗？

5年后，我在第三轮教育教学实验班上讲到此处时，又特意再提出这个问题，答出狄利克雷函数的学生可不是一个人，而是十几个人。

这就是学生的潜能，打开这道闸门，智慧的洪流将汹涌澎湃。

（三）自己"动手"的课堂听讲，才是最先进的

1988年，第二轮教育教学实验班初二第二学期刚开学，我把上海市数学竞赛初三组的一道题目写在了黑板上。

【例1-6】已知 $a<b<c$，x 是实数。

求：$|x-a|+|x-b|+|x-c|$ 的最小值。

分 析

我给大家一段思考时间以后，除了少数学生之外，绝大多数学生都做出来了。

1. 大多数学生的解法

首先，把式子中的绝对值符号"| |"打开，这时，根据实数绝对值的定义，得到

$$\text{原式} = \begin{cases} -x+a-x+b-x+c = -3x+a+b+c, & (x \leq a), \quad ① \\ x-a-x+b-x+c = -x-a+b+c, & (a < x \leq b), \quad ② \\ x-a+x-b-x+c = x-a-b+c, & (b < x \leq c), \quad ③ \\ x-a+x-b+x-c = 3x-a-b-c, & (x > c). \quad ④ \end{cases}$$

在①式中，因为 $x \leq a$ 且 x 的系数为 -3，所以①式的最小值在 $x = a$ 时取得，

$$①\text{式的值} \geq -3a+a+b+c = c-a+b-a > c-a。$$

在②式中，因为 x 的系数是 -1 且 $x \leq b$，所以②式的最小值在 $x = b$ 时取得，

$$②\text{式的值} \geq -b-a+b+c = c-a。$$

在③式中，因为 x 的系数为 1 且 $x > b$，所以

$$③\text{式的值} > b-a-b+c = c-a。$$

在④式中，因为 x 的系数为 3 且 $x > c$，所以

$$④\text{式的值} > 3c-a-b-c = c-a+c-b > c-a。$$

综上可得，原式的最小值是 $c-a$，这时 $x = b$。

我很高兴看到学生们采用了这个解法，因为恰好给了我一个机会，我可以用我的较为简单的解法与之比较，以便说明数形结合的优越性。

2. 我的解法

记

$$f(x) = |x-a| + |x-b| + |x-c|,$$

则

$$f(x) = \begin{cases} -3x+a+b+c, & (x \leq a), \\ -x-a+b+c, & (a < x \leq b), \\ x-a-b+c, & (b < x \leq c), \\ 3x-a-b-c, & (x > c). \end{cases}$$

它的图象如图 1-16 所示。

显然，当 $x = b$ 时，$f(x)$ 取得最小值，这时

$$f(x) = -x-a+b+c = -b-a+b+c = c-a。$$

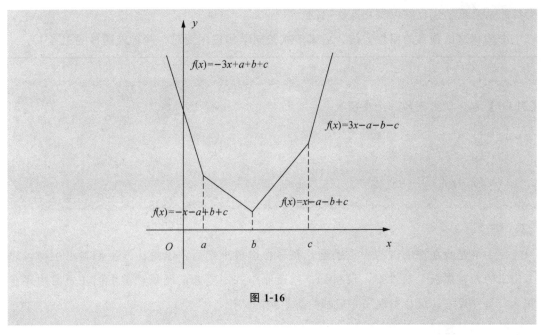

图 1-16

岂知，我的话音未落，李毅就把手举了起来。他说："老师，我的解法比您的更简单。"

3. 李毅的解法

$|x-a|$ 的几何意义是：在数轴上表示数 x 和数 a 的两个点之间的距离。

于是，求 $|x-a|+|x-b|+|x-c|$ 的最小值的意义就是：在数轴上求一点 x，使它到 a、b、c 三个点的距离和最小。如图 1-17 所示，当这个点 x 取在点 b 的位置时，它分别到 a、b、c 三个点的距离和最小，为 $c-a$。

因为，当点 x 取在点 b 以外的任何位置时，三条线段 $|x-a|$、$|x-b|$、$|x-c|$ 都有重叠部分，因而总长度大于 $c-a$，如图 1-18 所示。

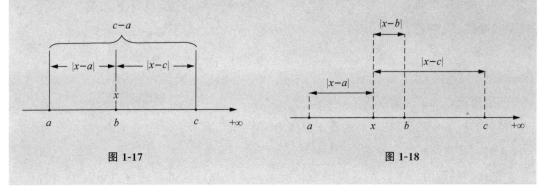

图 1-17　　　　　　　　　　图 1-18

这个解法多么漂亮啊！比我的解法更简捷。

李毅是如何想出这个方法的呢？追本溯源，这还要归功于运动的哲理观点，当我们从代数上思考觉得烦琐时，我们就试试转换到几何上，从几何上思考 $|x-a|$ 的意义。

当然，李毅在初学绝对值概念时，对代数和几何的意义的全面了解，是他做题成功的必要条件。如果我们的课堂总是老师的"一言堂"，那么，这美丽的思维之花就没有机会绽放，全班学生也难以得到这次启迪。

李毅解这道题目的思想方法，后来多次被同学们应用到对一些较难题目的思考上。

【例1-7】 求下面数列的一个通项公式：

(1) 1，3，5，…；

(2) 1，−3，5，−7，9，…；

(3) 1，0，5，0，9，…。

分　析

例1-7是我在课上讲的一道例题，我写在黑板上之后，也是让学生们自己思考，思考出来的人在黑板上写答案。没料到，这道原本并不复杂的题目，学生们在思考中逐步深入，举一反三，最后发现了一般师生想不到的结论。

学生们是这样思考的：

> 学生们解答第（1）题很容易，$a_n = 2n-1$，$(n \in \mathbf{N}^+)$。
>
> 在解答第（2）题时，学生们也不难想到利用$(-1)^n$，造成间隔"−1"的出现，于是便得到
>
> $$a_n = (2n-1)(-1)^{n+1} \qquad (n \in \mathbf{N}^+)。$$
>
> 在解答第（3）题时，学生们就有些困难了。如果运用转化归结的哲理观点，从第（2）题的解答出发，在出现"−1"时，有"+1"和它相加，抵消为"0"，那么便得到
>
> $$a_n = (2n-1)[1+(-1)^{n+1}] \qquad (n \in \mathbf{N}^+)。$$
>
> 但这时，n取奇数时，$1+(-1)^{n+1}=2$破坏了要保留的项。为了解决这个问题，只需要再除以2，便得到正确解答：
>
> $$a_n = \frac{1+(-1)^{n+1}}{2}(2n-1) \qquad (n \in \mathbf{N}^+)。$$

问题到此，似乎圆满解决了。

停顿了一下，我又问："问题真正圆满解决了吗？"

这时，张夏一举手回答道：

"老师，问题的思考，并不应该到此结束。我设想，这道题还可以设置更多的小问题，例如，当有

(4) 1，0，0，7，0，0，13，…；

(5) 1，0，0，0，9，0，0，0，17，…；

等情况时，题目的答案又该是什么呢？"

接着，张夏一又为自己的设问，提出了正确的解答方法。

对于第（4）题

$$a_n = \frac{1+\omega^{n+2}+(\omega^2)^{n+2}}{3}(2n-1) \qquad (n\in \mathbf{N}^+)。$$

其中，$1,\omega,\omega^2$ 是方程 $x^3=1$ 在复数范围的 3 个根。

这个答案显然是正确的，因为

$$\omega=\frac{-1+\sqrt{3}\,\mathrm{i}}{2},\qquad \omega^2=\frac{-1-\sqrt{3}\,\mathrm{i}}{2},$$

那么，当 $n=3k+1(k=0,1,2,3,\cdots)$ 时，

$$\omega^{n+2}=\omega^{3(k+1)}=1,$$
$$(\omega^2)^{n+2}=(\omega^2)^{3(k+1)}=1,$$

所以，

$$\frac{1+\omega^{n+2}+(\omega^2)^{n+2}}{3}=\frac{1+1+1}{3}=1。$$

当 $n=3k+2(k=0,1,2,3,\cdots)$ 时，

$$\omega^{n+2}=\omega^{3(k+1)}\cdot\omega=\omega,$$
$$(\omega^2)^{n+2}=(\omega^2)^{3(k+1)}\cdot\omega^2=\omega^2,$$

所以，

$$\frac{1+\omega^{n+2}+(\omega^2)^{n+2}}{3}$$

$$=\frac{1+\omega+\omega^2}{3}$$

$$=\frac{1+\dfrac{-1+\sqrt{3}\,\mathrm{i}}{2}+\dfrac{-1-\sqrt{3}\,\mathrm{i}}{2}}{3}$$

$$=0。$$

当 $n=3k(k=1,2,3,\cdots)$ 时，

$$\omega^{n+2}=\omega^{3k}\cdot\omega^2=\omega^2,$$
$$(\omega^2)^{n+2}=(\omega^2)^{3k}\cdot\omega^4=(\omega^2)^{3k}\cdot\omega^3\cdot\omega=\omega。$$

这时，

$$\frac{1+\omega^{n+2}+(\omega^2)^{n+2}}{3}$$

$$=\frac{1+\omega^2+\omega}{3}$$

$$=\frac{1+\dfrac{-1-\sqrt{3}\,\mathrm{i}}{2}+\dfrac{-1+\sqrt{3}}{2}\mathrm{i}}{3}$$

$$=0。$$

综上，
$$a_n = \frac{1+\omega^{n+2}+(\omega^2)^{n+2}}{3}(2n-1) \qquad (n \in \mathbf{N}^+)。$$

张夏一是怎样想到利用 $x^3=1$ 在复数范围内的 3 个根来诱导 3 个间隔 "0" 做周期性的出现呢？他又怎样想到给 ω 和 ω^2 冠以指数 $n+2$ 呢？

关键是张夏一习惯了正确的思考方法。一方面，他对于第（3）题的解答，换个角度进行思考；另一方面，他又运用转化归结的哲理观点，把第（4）题的问题归结到第（3）题上。但是在第（3）题的解答中，

$$\frac{1+(-1)^{n+1}}{2}(2n-1)$$

中的 "-1" 是哪里来的呢？

学生们之前的构思是为了在需要的那项中，让 "-1" 出现从而把 "1" 抵消，得到 "0"。

但运用运动的哲理观点，换个角度看问题之后，"1" 与 "-1" 却是二次方程

$$x^2 = 1$$

的两个根，而第（3）题

$$\frac{1+(-1)^{n+1}}{2}(2n-1)$$

分母中的 "2" 与二次方程中的 "二"（即 2）不谋而合，而指数 "$n+1$" 中的 "1"，是二次方程的 "2" 减去 "1" 之后得到的差。

那么，在第（4）题中，当间隔 "0" 的个数增加 1 个，试猜想，是不是二次方程的次数就应该增加一个台阶，变成三次方程呢？分母中的 "2" 是不是相应地要变成 "3" 呢？指数是不是也要由 "$n+1$" 变成 "$n+2$" 呢？

这样，张夏一便构造了上述的猜想，继而进行了严谨的证明。

接下来，张夏一继续对第（5）题进行猜想。

1，0，0，0，9，0，0，0，17，$\cdots$ 的一个通项公式可以是
$$a_n = \frac{1+\alpha_2^{n+3}+\alpha_3^{n+3}+\alpha_4^{n+3}}{4}(2n-1) \qquad (n \in \mathbf{N}^+),$$
其中，1，α_2，α_3，α_4 分别是方程 $x^4=1$ 在复数范围内的 4 个根。

接下来，张夏一对猜想进行验证。

因为
$$\alpha_2 = i, \quad \alpha_3 = -1, \quad \alpha_4 = -i,$$

所以，当 $n=4k+1(k=0,1,2,3,\cdots)$ 时，
$$\alpha_2^{n+3} = i^{4(k+1)} = 1,$$

$$\alpha_3^{n+3}=(-1)^{4(k+1)}=1,$$
$$\alpha_4^{n+3}=(-\mathrm{i})^{4(k+1)}=1。$$

这时，
$$\frac{1+\alpha_2^{n+3}+\alpha_3^{n+3}+\alpha_4^{n+3}}{4}=\frac{1+1+1+1}{4}=1。$$

当 $n=4k+2(k=0, 1, 2, 3, \cdots)$ 时，
$$\alpha_2^{n+3}=\alpha_2^{4(k+1)}\cdot\alpha_2=\mathrm{i}^{4(k+1)}\cdot\mathrm{i}=\mathrm{i},$$
$$\alpha_3^{n+3}=\alpha_3^{4(k+1)}\cdot\alpha_3=(-1)^{4(k+1)}\cdot(-1)=-1,$$
$$\alpha_4^{n+3}=\alpha_4^{4(k+1)}\cdot\alpha_4=(-\mathrm{i})^{4(k+1)}\cdot(-\mathrm{i})=-\mathrm{i}。$$

这时，
$$\frac{1+\alpha_2^{n+3}+\alpha_3^{n+3}+\alpha_4^{n+3}}{4}=\frac{1+\mathrm{i}-1-\mathrm{i}}{4}=0。$$

当 $n=4k+3(k=0, 1, 2, 3, \cdots)$ 时，
$$\alpha_2^{n+3}=\alpha_2^{4(k+1)}\cdot\alpha_2^2=\mathrm{i}^{4(k+1)}\cdot\mathrm{i}^2=-1,$$
$$\alpha_3^{n+3}=\alpha_3^{4(k+1)}\cdot\alpha_3^2=(-1)^{4(k+1)}\cdot(-1)^2=1,$$
$$\alpha_4^{n+3}=\alpha_4^{4(k+1)}\cdot\alpha_4^2=(-\mathrm{i})^{4(k+1)}\cdot(-\mathrm{i})^2=(-\mathrm{i})^2=-1。$$

这时，
$$\frac{1+\alpha_2^{n+3}+\alpha_3^{n+3}+\alpha_4^{n+3}}{4}=\frac{1-1+1-1}{4}=0。$$

当 $n=4k(k=0, 1, 2, 3, \cdots)$ 时，
$$\alpha_2^{n+3}=\alpha_2^{4k}\cdot\alpha_2^3=\mathrm{i}^{4k}\cdot\mathrm{i}^3=-\mathrm{i},$$
$$\alpha_3^{n+3}=\alpha_3^{4k}\cdot\alpha_3^3=(-1)^{4k}\cdot(-1)^3=-1,$$
$$\alpha_4^{n+3}=\alpha_4^{4k}\cdot\alpha_4^3=(-\mathrm{i})^{4k}\cdot(-\mathrm{i})^3=(-\mathrm{i})^3=\mathrm{i}。$$

这时，
$$\frac{1+\alpha_2^{n+3}+\alpha_3^{n+3}+\alpha_4^{n+3}}{4}=\frac{1-\mathrm{i}-1+\mathrm{i}}{4}=0。$$

综上，猜想的结论得证。

那么，间隔"0"的个数再增加又该如何构造一个通项公式呢？

这时，李毅、廖翊民、彭壮壮经过思考后，在前面几个例题规律的基础上，提出如下的公式：
$$a_n=\frac{1+\alpha_2^{n+m-1}+\alpha_3^{n+m-1}+\cdots+\alpha_m^{n+m-1}}{m}(2n-1) \quad (n\in \mathbf{N}^+)$$

其中，$1, \alpha_2, \alpha_3, \cdots, \alpha_m$ 分别是方程 $x^m=1$ 在复数范围内的 m 个根。

在这里，我们不妨设第一项之后，有连续 $(m-1)$ 个"0"周期性间隔出现。

他们给出的证明如下：

方程
$$x^m = 1$$
在复平面上的 m 个根，是单位圆的 m 个等分点，如图 1-19 所示。

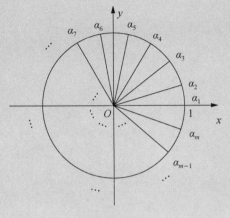

图 1-19

把 n 分成 $mk+1$，$mk+2$，$mk+3$，$\cdots$，$m(k+1)$，共 m 种情况，其中，$k=0$，1，2，$\cdots$

① 当 $n=mk+1$，$k=0$ 时，
$$n+m-1=mk+1+m-1=m。$$
此时，
$$\alpha_2^{n+m-1} = \alpha_2^m = 1，$$
$$\alpha_3^{n+m-1} = \alpha_3^m = 1，$$
$$\cdots\cdots$$
$$\alpha_m^{n+m-1} = \alpha_m^m = 1。$$

于是
$$a_n = \frac{\overbrace{1+1+1+\cdots+1}^{m\text{个}}}{m}(2n-1) = 2n-1。$$

② 当 $k=1$ 时，
$$n+m-1=2m。$$

那么，α_2^{n+m-1}，α_3^{n+m-1}，$\cdots$，α_m^{n+m-1} 分别为 $\alpha_2^{2m}=(\alpha_2^m)^2$，$\alpha_3^{2m}=(\alpha_3^m)^2$，$\cdots$，$\alpha_m^{2m}=(\alpha_m^m)^2$，它们皆为 1。

于是
$$a_n = \frac{\overbrace{1+1+\cdots+1}^{m\text{个}}}{m}(2n-1)$$
$$= 2n-1。$$

同理，当 $k=2,3,\cdots$ 时，在第一种情况 $mk+1$ 中，总有
$$a_n=2n-1。$$
这样，便产生了数列中那些不为 0 的项。

于是，
$$a_1,\ a_{m+1},\ a_{2m+1},\ \cdots,\ a_{km+1},\ \cdots$$
各项均不为零，这些项的值由 $2n-1$ 计算得到。

但在其他 $m-1$ 种情况中，是什么结果呢？

③ 当 $n=mk+2$，$k=0$ 时，各向量保持原来的位置（包括 $\alpha_1=1$），它们的和为 0。于是，便产生了第一组 $m-1$ 个 0 中的第一个 "0"。

当 $k=1$ 时，
$$n+m-1=m+2+m-1=2m+1,$$
这时
$$\alpha_1^{2m+1}=1^{2m+1}=1。$$

对于 α_2，它的结果是什么呢？

复数（向量）α_2 原来的辐角是 $\dfrac{2\pi}{m}$，进行 $2m+1$ 次乘方之后，辐角变为 $\dfrac{2\pi}{m}(2m+1)=4\pi+\dfrac{2\pi}{m}$（根据棣莫弗定理），又回到了 α_2 的位置上，即
$$\alpha_2^{n+m-1}=\alpha_2。$$

同理，复数 α_3 原来的辐角是 $2\cdot\dfrac{2\pi}{m}$，进行 $2m+1$ 次乘方之后，辐角变为 $\dfrac{4\pi}{m}(2m+1)=8\pi+2\cdot\dfrac{2\pi}{m}$，也回到了 α_3 的位置上，即
$$\alpha_3^{n+m-1}=\alpha_3。$$

以此类推，
$$\alpha_4^{n+m-1}=\alpha_4,$$
$$\alpha_5^{n+m-1}=\alpha_5,$$
$$\cdots\cdots$$
$$\alpha_p^{n+m-1}=\alpha_p\ (2\leqslant p\leqslant m),$$
$$\cdots\cdots$$
$$\alpha_m^{n+m-1}=\alpha_m。$$

事实上，我们也可以认为，α_m 的辐角为 $-\dfrac{2\pi}{m}$ 乘以 $(2m+1)$，即 $-\dfrac{2\pi}{m}(2m+1)=-4\pi-\dfrac{2\pi}{m}$，等于 α_m 的辐角。

也就是说，当 $k=1$ 时，1^{n+m-1}，α_2^{n+m-1}，α_3^{n+m-1}，$\cdots$，α_m^{n+m-1} 的乘方结果，仍是 1，α_2，α_3，$\cdots$，α_m 这 m 个单位圆的等分点的位置。因而，

$$a_n = \frac{1+\alpha_2^{n+m-1}+\alpha_3^{n+m-1}+\cdots+\alpha_m^{n+m-1}}{m}(2n-1)$$
$$= 0。$$

这样，便产生了第二组 $m-1$ 个 0 中的第 1 个"0"，即 $a_{m+2}=0$。

同理，当 $k=2，3，\cdots$ 时，便产生了第 3 组、第 4 组……各组中的 $m-1$ 个 0 中的第 1 个 "0"。

④ 在 $n=mk+3$ 时，同样可以证明得，当 $k=0，1，2，3，\cdots$ 时，产生了各组 $m-1$ 个 0 中的第 2 个 "0"。

当 $n=m(k+1)$，$k=0，1，2，3$ 时，则产生了各组 $m-1$ 个 0 中的第 $m-1$ 个 "0"。

至此，在中学数学中，一个基本还没有多少人发现的规律，便在"使学生在思维运动中训练思维，做课堂的真正主人"的课堂上被发现了。

1991 年，《中学生数理化》杂志所刊登的北京大学招生办公室与《中学生数理化》杂志联合举办的全国高中数学通讯竞赛试题是我编拟的。其中的第 6 题，就是在这道题目的基础上进行推广而拟成的。

显然，在课堂的讨论过程中，优秀学生的综合能力和思维水平获得极大、快速的提高，尤其是这种氛围向全班学生的扩散和传播时，更是老师"一言堂"难以企及的。

1991 年第 3 期《北京教育（普教版）》杂志刊登了记者刘书文听了我的讲课以后写的一篇听课记，转载如下：

不培养只会"摘取果实"的人——22 中特级数学教师孙维刚课堂教学印象

在讲授二项式定理的课堂上，孙维刚让学生写出了 $(a+b)^1$、$(a+b)^2$、$(a+b)^3$、$(a+b)^4$ 的展开式后，接着发问："谁能从以上的式子中总结出规律，写出 $(a+b)^n$ 的展开式？"以不完全归纳法推导出二项式定理，这确属高中代数中的难点，却又是锻炼学生思维和推理能力的一个很好的机会。尽管是首次接触这个知识，孙维刚的学生却纷纷举手请答，从具体到抽象，毫无差错地推导出来……

在运用二项式定理计算若干组合数的代数和的时候，孙维刚又开始发问："你能够根据系数的特点联想出它与复数'i'有怎样的关系吗？"对于高二的学生来说，这个问题确实较难，可学生们仍能争先恐后地举手。一个学生答出来了，马上又有人发现了回答中的错误。孙老师问道："谁来分析一下他错在哪里？你认为正确的又该是怎样的呢？"学生中又是一阵踊跃地举手，一个接一个地站起来讲，全讲得有根有据、条理分明……

这不过是孙维刚课堂教学的一两个镜头，却充分体现了他惯有的教学主张——由学生担当主角，以知识的魅力调动学生的学习兴趣，使他们所掌握的知识在应用中融会贯通。

在孙老师的课堂上，学生们都感到学习是一桩乐事，不光有浓厚的兴趣，思维也奇迹般地飞跃穿行，仿佛没有攻不破的难关。处于这样的学习氛围中，谁还会走神和偷懒呢？谁还会把学习当作包袱而硬着头皮去应付呢？当然，更不可能有谁不懂装懂，蒙混过关。

每学完一个章节，每遇到一个难点，孙老师总要一声接一声地追问："现在谁还不懂？""全懂了的举手。""会的谁来推导一下？"……他扫视着每一个人，叫起一个最爱把类似概念搞混的学生，又叫起一个反应比较慢的学生，再叫起一个基础比较差的学生——全答出来了！全答对了！孙老师笑了："×××也会了，我真高兴！这道题很有难度，你们半分钟就想出来确实不容易……"

孙维刚始终认为：教学，并不是把一个一个的结论教给学生就够了。一个事物是怎样来的？老师要引导学生去探究原因，而不是使学生成为一个只会摘取果实的人。要使他们懂得只有学会耕耘播种，才能收获果实。平素孙维刚着力培养学生的创新精神，不止一次在课堂上说：我最佩服第一个吃螃蟹的人——以鼓励学生勇于探索、大胆创新。

课堂上没讲过的知识，孙维刚让学生去思考；书本上没出现过的习题，他布置学生去做；学生们第一次搞错了，他竭诚鼓励："敢于这样想就很了不起，人类就是从不断的失败中吸取教训而进步起来的。"

孙维刚主张学生在课堂上不记笔记。他说："真正的好学生是上课认真思索，课后经过分析再把课堂笔记写下来，从中有所发现，有所创造。"他要求学生不能把思维停留在答案上，一道题做出来以后，应该再回过头考虑一番，从中得到一点启发、一点体会才是。如果别人的做法与你的不同，你就要弄明白他的思路，当你知道了别人的思路，就应该以同样的思路想到他前面去。

每当学生们对某个问题产生不同意见时，孙维刚甚至比学生们还兴奋。他鼓励学生们各抒己见，展开争论。这样的时间孙维刚最舍得花，他明白，在这种讨论中，无论是发言的学生还是倾听的学生都可能在这种探求知识的规律和各种规律之间千丝万缕的联系中迈上一个新的高度。

当一道难题被剖析透彻，当一个规律被论证清楚，当一个结论通过多种途径推导出来时，师生便共同体会到一种成功的喜悦。这个成功就在于，学生不仅学会了某些知识，重要的是在掌握知识的同时，学会了开拓自己的思路，学会了在不断更新的探索途径上增长自己的才智与能力。

> 这也正体现了孙维刚教学的一个基本思想——我们的教学不应该以学生学会知识为目标，在教学中，教师应把知识当作土和水，把学生比作花，以知识为营养，培养学生具有良好的意志品质、多方面的能力和智力素质，这才是教学真正要达到的目的。

对于课堂讨论，我不赞成下面的方式：

教师提出某个问题，或写出一道题目后，给学生几分钟或更多的一些时间，让他们分组讨论。然后，解决了问题的小组中的代表，站起来回答问题。

我认为，这种方式的弊端有以下三个：

（1）学生中一些优秀的想法传播范围小，而一些不正确的想法，教师听不到。

（2）分组讨论会让课堂的秩序混乱，在一些基础较差的班级，甚至会闹起来。在我们的课堂上，学生应该处于深沉思考的氛围中。

（3）这样做最不利的是，几个人你一言我一语地拼接成了答案，这样一来，问题虽然解决了，但是每一个人都没有独立完成一个全过程的思考。而且没有得到一定强度的思考锻炼，思维水平总停留在一个比较低的水平上。

我更不赞成下面的做法：

为了表明不是"一言堂"，教师在讲课过程中，时时提出一些很简单的问题，例如，

对不对呀？

有没有呀？

正的还是负的呀？

……

然后，老师让学生们齐声回答或者七嘴八舌地喊。

这样做，能达到什么目的呢？

提问的目的之一，是了解学生的想法，了解不明白或想法错误的学生有多少。在一片嘈杂的"大合唱"中，教师根本分辨不出明白的学生是哪些，不明白的学生又有多少。

要想达到上面所说的目的，比较好的方式是老师问学生们，例如：

认为这个变形正确的，请举手。

认为这个变形不正确的，请举手。

两次都不举手的，就是弄不清楚老师讲的内容的学生。

这时，三类学生各约多少，分别是哪些学生，老师就会一目了然。

曾经有一位老师埋怨我说："上您班上的课，真把我急死了，我问问题，竟然没有人呼应。"

"不会吧，您别着急，我到班上问问看，找找是什么原因。怎么会这样呢？难道连陈硕、王一和杨维华他们都听不明白吗？"我回答得犹犹豫豫。

这位老师立即说："不，不是这个意思。不是他们听不明白，而是他们不张口回答，我一问，他们就举手，而不是冲口而出大声回答。"

"哦——"我明白了。

于是，我向她解释了学生在课堂上回答老师提问时先举手再回答的好处。

但这位老师还是有些遗憾，她认为，没有人呼应她，课堂的气氛不够，劲儿不足。

我笑了，说道："课堂是战场，但又不是大家端着刺刀冲锋在硝烟弥漫的山头的战场。我们的劲头、我们的信心，无论是学生的还是老师的，都不是呐喊出来的，而是冷静和深刻思考后的结果；是实在的、深沉的，而不是表面的热烈。切不可把缜密探讨的一堂课演成一幕闹剧。"

老师的信心建立在哪儿？学生的劲头从哪里来？我认为是靠真理，靠功底，靠教学艺术。

我又说："老师都不会愿意在一个乱哄哄的班上讲课，但有时，纪律的混乱，是我们自己造成的。"

思考的炽烈和局面的热闹，是两回事。

请注意，我在本节开头讲的那段话，特别是要造就学生在课堂上的超前思维和"反对"孙老师的说法。认真辨析一下这"两回事"的区别。

学生脑子里高强度地进行思考，教室的气氛则是井然有序地安静。静谧的气氛是学生深入思考的保障条件，而学生在达到胶着状态的思考行程中，心情必定是凝重的。

第六节　题不在多但求精彩，学会一题多解、多解归一、多题归一

通过做题，学生可以掌握如何应用所学的知识；通过应用，学生可以进一步加深对知识的理解。更重要的是，在一道题目面前，能正确有效地观察、剖析、判断、决策、制订方案并加以解决，进而培养和提高学生分析问题和解决问题的能力。

因此，数学和其他学科一样，都要做题，但同样是做题，收效却不同，这与方法是否得当有关。

什么是比较好的方法呢？

我认为，必须正确对待做题，避免题海战术。这首先是指题不在多但求精彩。

精彩是指：①题目本身应无错误；②题目不应当只是对定义、定理、方法和条文进行复述；③在解决题目的方法上，解决的思路宜充满活力、综合性强，有灵活应用的广阔天地，而不是只有烦琐地堆砌公式，冗长无味；④同一类型的题目，有一两个具有代表性的即可，不必大量重复；⑤不选用那些对于概念理解没有价值、思考方法偏离一般规律的偏题和怪题等。

正确对待做题，也是指做题的态度和方法要得当。

学生不能为考试而做题，更不能抱着将来试卷上有眼前这道题目的侥幸心理，否则，必将导致他们死记解法和进行题海战术。

一、一题多解，多解归一，多题归一

打一个比喻，我们进入一座刚刚落成的大楼，如果上上下下转几圈，那么陌生的感觉很快就会消失。做题也是如此，愈是难题，我们愈要试着做一下。如果我们费了很大的劲才想出来一种解法，那么坚持下去，一定要再去想第二种、第三种……这时，你会发现题目并不像开始做它时那么"可怕"了，它不再难了。

下面，我通过证明三角形内角平分线性质定理来说明这个道理。

本来，数学中的众多定理和公式，只是应用的工具，只要用一种方法证明它是正确的即可。之后，我们可以应用这些定理和公式去解题或推理证明后面的定理和公式。

但我在课堂上讲三角形内角平分线性质定理时并没有匆忙向前，而是逗留下来，一堂课，学生们想出了24种证明这条定理的方法。

我这样做能起到什么作用呢？

第一，对于相似形这一章的一类重要问题：证明四条线段成比例（这条定理的结论正是四条线段成比例），归纳了主要的思考规律。

第二，学生的思考方法、解题能力得到充分的训练。

第三，最次要的，但也是学生学过几乎不会忘记的——三角形内角平分线性质定理的内容，即：

三角形内角平分线性质定理　三角形任一内角的平分线，把它的对边分成的两部分与这个角的两条邻边对应成比例。

下面，我们讨论其中的8种证法。

【例1-8】已知：如图1-20所示，∠1=∠2。求证：$\dfrac{AD}{BD}=\dfrac{AC}{BC}$。

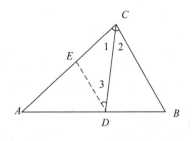

图 1-20

证法一

过点 D 作 $DE /\!/ BC$，DE 交 AC 于点 E。

则 $\dfrac{AD}{BD}=\dfrac{AE}{EC}$（平行线分线段成比例定理），

$\angle 2=\angle 3$。

因为 $\triangle ADE \backsim \triangle ABC$（三角形相似预备定理），

所以 $\dfrac{AE}{DE}=\dfrac{AC}{BC}$。

又因为 $\angle 1=\angle 2$，

所以 $\angle 1=\angle 3$。

所以 $DE=EC$。

那么 $\dfrac{AD}{BD}=\dfrac{AE}{DE}=\dfrac{AC}{BC}$。

> **说明**：本证法的思路是，利用作平行线 DE 进行等比代换。即把比式 $\dfrac{AD}{BD}$ 和 $\dfrac{AC}{BC}$，都转换到比式 $\dfrac{AE}{DE}$ 上，从而得到结论 $\dfrac{AD}{BD}=\dfrac{AC}{BC}$。

分析

我们是怎么想到采用等比代换的方法来达到证明四条线段 AD、BD、AC 和 BC 成比例的目的呢？

其实，我们首先想到的并不是这个方法，而是一眼所见这四条线段分居于 $\triangle ACD$ 和 $\triangle BCD$ 中，因而第一选择是证明这两个三角形相似。

但我们接着发现，这两个三角形不一定相似。如果通过它们相似来证明 $\dfrac{AD}{BD}=\dfrac{AC}{BC}$，那么边 AC 和 BC 应该是对应的。于是，$\angle ADC$ 和 $\angle BDC$ 也是对应的。但当 $AC \neq BC$ 时，$\angle ADC$ 和 $\angle BDC$ 是不相等的，这时，$\triangle ACD$ 和 $\triangle BCD$ 便不可能相似。

于是，我们才考虑采用等量代换或者等比代换的方法。证法一采用了后者，即把两个比 $\dfrac{AD}{BD}$ 和 $\dfrac{AC}{BC}$ 分别转移出去。

可是，我们要如何转移呢？由于 AD、BD 在同一条直线上一字排开，我们常用的方法是，**过分点或端点作相应的平行线**，使平行线分线段成比例定理有用武之地。

这样，$\dfrac{AD}{BD}$ 便转移到 $\dfrac{AE}{EC}$ 上了。

> **说明**：证法一是通过分点 D 作 $DE /\!/ BC$ 而达到目的的。对于分点 D，BC 和 AC 是平等的，因而，过分点 D 作 $DE /\!/ AC$ 也必定可得到与证法一类似的证法。

接下来，我们再考虑把 $\dfrac{AC}{BC}$ 向 $\dfrac{AE}{DE}$ 上转移，由于 AC 和 BC 不是在同一条直线上一字排开的，而是同一个三角形（△ABC）中的两条边，那么，首选的转移方式是，争取得到这个三角形和另外一个三角形相似的结论。而这时，由于作了 $DE\ /\!/\ BC$，使△ABC 和 △ADE 的相似显而易见，这样 $\dfrac{AC}{BC}$ 便转移到了 $\dfrac{AE}{DE}$ 上。

又由于以前总结过一条小规律：**当角的平分线和一条平行线同时出现时，要注意利用这时存在的那个等腰三角形**（在证法一中是△CDE）。

由此，我们便挖出了 $DE=EC$ 这一潜在因素。这时，一条链子便连接完成了。

请注意，这样做是为了进行等比代换。由于 AD、BD 在同一条直线上一字排开，常用的方法是过分点或端点作相应的平行线。证法一是过分点 D 作的平行线，如果过端点 A 或 B 作平行线呢？

这时便得到了证法二。

证法二

如图 1-21 所示，作 $BE\ /\!/\ CD$，BE 交 AC 延长线于点 E。

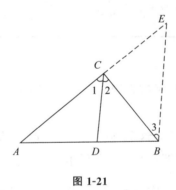

图 1-21

则 $\dfrac{AD}{BD}=\dfrac{AC}{CE}$。

因为 $\angle 1=\angle E$，$\angle 2=\angle 3$，

又因为 $\angle 1=\angle 2$，

所以 $\angle 3=\angle E$，

$BC=CE$。

所以 $\dfrac{AD}{BD}=\dfrac{AC}{BC}$。

说明：证法二的思路仍是利用等比代换的方法。这是怎么想到的呢？其实，证法二和证法一的思路完全相同，在这一点上，可以说是多解归一。虽然从表面上看它们的图形完全不同，证法一是在△ABC 的内部进行分割的，证法二是在△ABC 的

外部进行拼补的。但实质上，它们都是具有"两条线段在同一条直线上一字排开"的形式，通过从分点或端点作平行线的方式，利用平行线分线段成比例定理，把它们的比转移。虽然这两种证法表面上不同，证法一是从分点作的平行线，证法二是从端点作的平行线，但它们本质还是相同的。

分 析

证法一和证法二又都利用了一条小规律：**当角的平分线和一条平行线同时出现时，要注意利用这时存在的那个等腰三角形**（在证法二中是△CBE）。

实质上，这两个证法唯一的区别是，证法二在把比式 $\dfrac{AC}{BC}$ 转移出去时，已经不必证明 △ABC 和另外一个三角形相似了，因为此时 BC 和 CE 的相等，已经通过角相等来证明了。

现在写出的证法二，是通过端点 B 作 CD 的平行线，那么对称地，通过端点 A 来作相应的平行线，当然会有类似的证法。

证法三

仍用图 1-21。延长 AC 到点 E，使 CE＝BC，连接 BE，

则　　$\angle 3 = \angle E$。

因而　　$\angle 3 = \dfrac{1}{2}(\angle 3 + \angle E)$。

又因为　　$\angle ACB = \angle 3 + \angle E$，$\angle 1 = \angle 2$，

所以　　$\angle 2 = \dfrac{1}{2}(\angle 3 + \angle E)$。

所以　　$\angle 2 = \angle 3$，

　　　　$BE \parallel CD$。

于是　　$\dfrac{AD}{BD} = \dfrac{AC}{CE} = \dfrac{AC}{BC}$。

说明：由于证法二和证法三分别按自己的思路做完辅助线以后，形成的图形完全相同，因此证法三用了证法二的图。

但是，证法三的构思过程与证法二的构思过程是不同的。

分 析

证法三的构思过程如下：

观察求证式 $\dfrac{AD}{BD} = \dfrac{AC}{BC}$，虽然 AD、BD、AC 和 BC 这四条线段分居于 △ACD 和 △BCD 中，但是它们却不能相似。

这四条线段在图形上的位置,也不能直接应用平行线分线段成比例定理。

但我们仔细观察一下,线段 AD 和 BD 在同一条直线上是一字排开的,AC 和 AD 有共同的端点。如果把 AC 接长一段,使得接出来的这段线段的长度与 BC 的长度相等,那么我们只要致力于证明这时符合平行线分线段成比例定理的条件,即使得封口的线段 $BE /\!/ CD$ 不就完成证明了吗?证法三就是这样构思的,并且成功了。

当然,由于 AC 和 BC 是平等的,根据对称思想延长 BC,一定会得到与证法三类似的证法。

上面说过,我们在观察求证式 $\dfrac{AD}{BD}=\dfrac{AC}{BC}$ 时发现,虽然 AD、BD、AC 和 BC 这四条线段分居于 $\triangle ACD$ 和 $\triangle BCD$ 中,但不可能证得它们相似。

但是,在 $\triangle ACD$ 和 $\triangle BCD$ 中,已经有 $\angle 1=\angle 2$,是否可以把其中的一个三角形略加改造,在尽量保持这四条线段的长度不变的前提下,再制造出一组相等的角,使得两个三角形相似,进而达到 $\dfrac{AD}{BD}=\dfrac{AC}{BC}$ 的目的呢?

这样,就得到了证法四。

证法四

如图 1-22 所示。

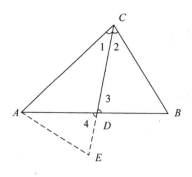

图 1-22

(1) 当 $AC \ne BC$ 时,不妨设 $AC > BC$,

则 $\angle B > \angle CAB$。

这时,以 AC 为一边,在 $\angle CAB$ 的同侧作 $\angle CAE=\angle B$,AE 交 CD 的延长线于点 E。

因为 $\angle 1=\angle 2$,$\angle CAE=\angle B$,

所以 $\triangle ACE \backsim \triangle BCD$。

所以 $\dfrac{AE}{AC}=\dfrac{BD}{BC}$。

因为 $\angle 4=\angle 3=180°-\angle B-\angle 2=180°-\angle CAE-\angle 1=\angle E$,

所以 $AE=AD$。

于是 $\dfrac{AD}{AC}=\dfrac{BD}{BC}$,即 $\dfrac{AD}{BD}=\dfrac{AC}{BC}$。

(2) 当 $AC=BC$ 时，有 $\angle CAD=\angle B$。

又因为 $\angle 1=\angle 2$，

所以 $AD=BD \Rightarrow \dfrac{AD}{BD}=\dfrac{AC}{BC}$。

说明：$\angle CAD$ 和 $\angle B$ 是平等的，证法四是把 $\angle CAD$ 改大，使之与 $\angle B$ 相等，构造了和 $\triangle BCD$ 相似的 $\triangle ACE$，如果把 $\angle B$ 改小，那么一定将得到与证法四类似的证法。

分　析

本证法按照 AC 与 BC 的不等和相等两种情况，分别给出了证明。解题过程中，我们只有养成缜密的思考习惯，才能使推理严谨。我们要特别注意这一点并养成良好的习惯。

换个角度来看，证法四和证法三，在本质上又是共通的。

如果说证法一和证法二都是利用等比代换证明了四条线段成比例，那么，证法三和证法四都是利用等量代换证明了四条线段成比例。

欲证 $\dfrac{AD}{BD}=\dfrac{AC}{BC}$，证法三是把 BC 换成了和它相等的 CE，证法四则是把 AD 换成了和它相等的 AE。

证法五

(1) 当 $AC=BC$ 时，证明过程与证法四中的（2）相同。

(2) 当 $AC\neq BC$ 时，不妨设 $AC>BC$。

这时　$\angle CAD<\angle CBD$。

又因为　$\angle 1=\angle 2$，以及三角形内角和为 $180°$，

所以　$\angle ADC>\angle BDC$。

则　$\angle ADC>90°$，$\angle BDC<90°$。

于是，当过点 A 作 CD 的垂线时，垂足 F 在 CD 的延长线上；当过点 B 作 CD 的垂线时，垂足 E 在线段 CD 上，如图 1-23 所示。

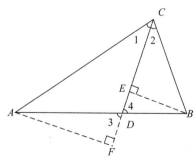

图 1-23

因为　∠1=∠2，

所以　Rt△ACF∽Rt△BCE。

所以　$\dfrac{AC}{BC}=\dfrac{AF}{BE}$。

又因为　∠3=∠4，

所以　Rt△ADF∽Rt△BDE。

所以　$\dfrac{AD}{BD}=\dfrac{AF}{BE}$。

因而　$\dfrac{AD}{BD}=\dfrac{AC}{BC}$。

> 说明：从宏观上看，证法五属于等比代换。

分析

从具体操作上来看，证法五和证法四是相通的。说得准确些，即证法五是折中了证法四及其"说明"中的两种方法。

也就是说，在不能证得△ACD和△BCD相似时，证法四的做法是：改造△ACD，向△BCD靠拢，使之与△BCD相似；而证法四"说明"中的证法则相反，是改造△BCD，使之与△ACD相似。而证法五呢？是同时改造△ACD和△BCD，使它们都向第三者靠拢，并且分别与一对已经相似的三角形相似。

上面的做法是一种常用的手段，特别是保留已有的那一组相等的角，利用作垂线封口的方式，构造一组相似的直角三角形，如证法五所示。

证法六

作 $DE \perp AC$ 于点 E，作 $DF \perp BC$ 于点 F，如图 1-24 所示。

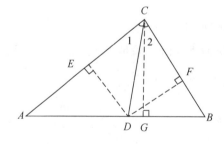

图 1-24

因为　∠1=∠2，

所以　DE=DF。

所以　$\dfrac{S_{\triangle ACD}}{S_{\triangle BCD}}=\dfrac{\frac{1}{2}AC \cdot DE}{\frac{1}{2}BC \cdot DF}=\dfrac{AC}{BC}$。

作△ABC的高线CG，如图1-24所示。

那么，在有共同的高线CG的△ACD和△BCD中，有

$$\frac{S_{\triangle ACD}}{S_{\triangle BCD}} = \frac{\frac{1}{2}AD \cdot CG}{\frac{1}{2}BD \cdot CG} = \frac{AD}{BD},$$

所以 $\dfrac{AD}{BD} = \dfrac{AC}{BC}$。

> **说明**：本证法是利用面积证明四条线段成比例。事实上，利用面积还可以解决其他许多类似的几何问题，以及三角函数、代数中许多表面看来与面积无关的题目。

分析

当在一道几何题目的已知和求证中，都不出现"面积"的字样，而我们试图利用面积作为工具参与证明过程以达到目的时，往往需要把某个或几个图形的面积，从两个不同的角度加以表达。

例如，在证法六中，就是把一组有关的△ACD和△BCD的面积分别用两种方式各表达了一次，即

$$S_{\triangle ACD} = \frac{1}{2}AC \cdot DE, \qquad S_{\triangle ACD} = \frac{1}{2}AD \cdot CG,$$

$$S_{\triangle BCD} = \frac{1}{2}BC \cdot DF, \qquad S_{\triangle BCD} = \frac{1}{2}BD \cdot CG。$$

这是证法六得以成功的关键。

如果我们学过三角形面积的另外一个公式：

$$S = \frac{1}{2}ab\sin C,$$

那么，三角形内角平分线性质定理还可以有另外一个面积的证法，即证法七。

证法七

如图1-25所示。

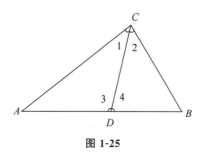

图1-25

因为 $S_{\triangle ACD} = \dfrac{1}{2}AC \cdot CD \cdot \sin\angle 1$,

$$S_{\triangle BCD} = \frac{1}{2}BC \cdot CD \cdot \sin\angle 2,$$

又因为 $\angle 1 = \angle 2$,

所以 $\dfrac{S_{\triangle ACD}}{S_{\triangle BCD}} = \dfrac{\frac{1}{2}AC \cdot CD \cdot \sin\angle 1}{\frac{1}{2}BC \cdot CD \cdot \sin\angle 2}$

$$= \frac{AC}{BC}。$$

因为 $\angle 3 + \angle 4 = 180°$,

所以 $\sin\angle 3 = \sin\angle 4$。

又因为 $S_{\triangle ACD} = \dfrac{1}{2}AD \cdot CD \cdot \sin\angle 3,$

$$S_{\triangle BCD} = \frac{1}{2}BD \cdot CD \cdot \sin\angle 4,$$

所以 $\dfrac{S_{\triangle ACD}}{S_{\triangle BCD}} = \dfrac{\frac{1}{2}AD \cdot CD \cdot \sin\angle 3}{\frac{1}{2}BD \cdot CD \cdot \sin\angle 4} = \dfrac{AD}{BD}$。

于是 $\dfrac{AD}{BD} = \dfrac{AC}{BC}$。

> **说明**：在证明过程中，我们又是把△ADC 和△BDC 的面积分别用两种方式各表达了一次。

分 析

有一些学生在课外时就预习了高年级的数学知识，了解了正弦定理：

在一个三角形中，各边的长和它所对角的正弦的比相等，即

$$\frac{a}{\sin A} = \frac{b}{\sin B} = \frac{c}{\sin C},$$

或写作

$$\frac{a}{b} = \frac{\sin A}{\sin B}, \quad \frac{b}{c} = \frac{\sin B}{\sin C}, \quad \frac{c}{a} = \frac{\sin C}{\sin A}。$$

这样，就有了证法八。

证法八

仍用图 1-25。

因为 $\angle 3 + \angle 4 = 180°$,

所以 $\sin\angle 3 = \sin\angle 4$。

在△ACD 中，由正弦定理，有

$$\frac{AD}{AC} = \frac{\sin\angle 1}{\sin\angle 3},$$

同理 $\frac{BD}{BC} = \frac{\sin\angle 2}{\sin\angle 4}$。

又因为 $\angle 1 = \angle 2$,

所以 $\frac{AD}{AC} = \frac{BD}{BC} \Rightarrow \frac{AD}{BD} = \frac{AC}{BC}$。

说明：这个证法是怎么构思出来的呢？

分　析

证法八是在进行逆推分析（由求证向已知进行靠拢）时，写出求证式 $\frac{AD}{BD} = \frac{AC}{BC}$ 的等比式 $\frac{AD}{AC} = \frac{BD}{BC}$，转而对欲证 $\frac{AD}{AC} = \frac{BD}{BC}$ 进行逆推分析。如果我们知道正弦定理，就会立即想到 $\frac{AD}{AC} = \frac{\sin\angle 1}{\sin\angle 3}$ 和 $\frac{BD}{BC} = \frac{\sin\angle 2}{\sin\angle 4}$，而已知 $\angle 1 = \angle 2$，这样证法八就手到擒来了。

对于三角形内角平分线性质定理的证明，我们暂时写出以上 8 个证法，但仅仅这几个证法，就已经可以总结出"证明四条线段成比例"这一类问题的思考规律了，具体规律如下：

（1）我们先观察欲证成比例的四条线段是否分居于两个可能相似的三角形中，或是否能运用平行线分线段成比例定理。若是，则我们要设法证明所需要的相似或平行。

（2）若欲求证的比例式不属于规律（1），则我们观察其中的三条线段能否处于适合规律（1）的状况。若是，则我们要设法把另一条线段代换出去，这是等量代换的逆推分析方法，如例 1-8 中的证法二、证法三和证法四的后半部分所示。

（3）若规律（2）也不适合，则我们观察欲求证的比例式，如 $\frac{a}{b} = \frac{c}{d}$ 两端的比式 $\frac{a}{b}$ 或 $\frac{c}{d}$ 是否能转换为其他的比，努力证出另外的两个比相等，最后转换回来，得到 $\frac{a}{b} = \frac{c}{d}$。这种方法称为等比代换，如例 1-8 中的证法一、证法五～八以及证法二的前半部分所示。

当然，在等比代换的过程中，也常常辅以等量代换，如例 1-8 中的证法一所示。

若不成功，则我们可以考虑先将 $\frac{a}{b} = \frac{c}{d}$ 变换为它的等比式 $\frac{a}{c} = \frac{b}{d}$ 后，再进行等比代换的分析思考，如例 1-8 中的证法八所示。

（4）当四条线段分居的两个三角形已经有一组角相等，但又不可能证出它们相似时，可以考虑改造它们，使之相似，改造的方式有以下两种：

① 把一个三角形中除了被平分的内角之外的其他两个不相等的角中的一个改大（或改小），使之与另外一个三角形中它所对应的角相等，从而使新的三角形与第一个三角形相似，如例1-8中的证法四所示。

② 同时改造这两个三角形，使它们分别和另外一组已经相似的三角形相似。经常采取的方法是：保留原来相等的一组角，利用作垂线封口的方式，制造一组相似的直角三角形，如例1-8中的证法五所示。

（5）利用面积证法，即三角形的面积等于底和高乘积的一半，三角形的面积等于两边乘积再乘上夹角正弦后的一半，等高三角形的面积比等于底边之比，等底三角形的面积之比等于高之比，都是常常利用的工具。

在证明过程中，我们无论利用哪种工具，都要对同一个图形的面积用两种不同的方式（并不是指必须采用不同工具）加以表达，这是证明完成的关键。

当然，证明四条线段成比例还有另外一些（已没有多少了）思考方法，在例1-8的证法中没有表现出来。例如，欲求证比例式 $\frac{a}{b}=\frac{c}{d}$ 成立，我们可以通过证明它的乘积式 $bc=ad$ 成立，而达到比例式成立的目的。

那么，怎样证明 bc 和 ad 相等呢？

我们经常用到的方法是，考虑 bc 和 ad 是否可以是两个等积形的面积（或面积的2倍），甚至是否可以是同一个图形的面积（或面积的2倍）；还可以寻找它们是否是同一条线段（或两条相等线段）的平方。

显而易见，学生们在这里得到的收获，比课堂上教师匆忙地把定理证明一遍后，就写出两三道以它为工具的应用题目，自己演示或让学生做练习的方式，无论从知识获得还是从思维锻炼上，都要好出很多倍。

二、多解归一，寻求共性

多解归一，寻求共性是指，在一题多解的基础上，分析和寻求不同解法的共同本质。这里有三层意思。

（一）在思想方法上，有哪些是共同的

例如，例1-8中的证法一、证法五～八都是利用等比代换的思想；证法二、证法三都是利用等量代换的思想；证法六～八都是利用面积公式；证法四～六都是改造或构造相似三角形等。

（二）在具体步骤上，有哪些是共同的

例如，例1-8中的证法六和证法七这两个不同的面积证明方法，都离不开"要把某个图形用两种方式各表达一次"这个关键步骤；又如，证法四和证法五，用不同的方式改造或构造相似三角形时，都必须保留原来相等的那组角（∠1，∠2）等。

甚至，我们在做题时有某个工具都要用到，有某个步骤都无法绕开。例如，对于下面这道题目。

【例 1-9】已知：如图 1-26 所示，C、D 是以 AB 为直径的半圆 O 上的两个点，并且 $DC=BC=\dfrac{1}{4}AB=1$。求线段 AD 的长度。

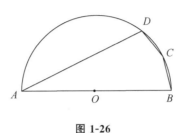

图 1-26

分析一

（顺推分析）我们看见 AB 是直径，就自然想到寻找直圆周角，因而连接 AC，得到 $\angle ACB=90°$。于是，在 $\text{Rt}\triangle ABC$ 中 AC 可求。若想在 $\triangle ADC$ 中求出 AD，只要求出 $\triangle ADC$ 中任一内角的某个三角函数值即可。由于在 $\text{Rt}\triangle ABC$ 中，$\cos\angle BAC$ 可求，而 $\angle DAC=\angle BAC$，于是，$\triangle ADC$ 中的 AD 便可求。

解法一

如图 1-27 所示，连接 AC，由 $BC=\dfrac{1}{4}AB=1$，得 $AB=4$。

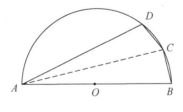

图 1-27

因为　AB 是直径，

所以　$\angle ACB=90°$。

所以　在 $\text{Rt}\triangle ABC$ 中，$AC=\sqrt{AB^2-BC^2}=\sqrt{15}$，

　　　$\cos\angle BAC=\dfrac{AC}{AB}=\dfrac{\sqrt{15}}{4}$。

因为　$DC=BC$，

所以　$\angle DAC=\angle BAC$。

在 $\triangle ADC$ 中，

$$DC^2 = AD^2 + AC^2 - 2AD \cdot AC \cdot \cos\angle DAC,$$

则 $1^2 = AD^2 + (\sqrt{15})^2 - 2 \times \sqrt{15} AD \times \dfrac{\sqrt{15}}{4}$,

得 $AD = \dfrac{7}{2}$（负根舍去）。

> **说明**：利用"直径所对的圆周角是直角"，对于完成本题是不可或缺的。

分析二

仍用图 1-27，如果我们注意到 A、B、C、D 4 个点在半圆 O 上，立即联想到"圆内接四边形对角互补"，那么便得到 $\angle D = 180° - \angle B$。因而，由 $\cos\angle B$ 可求得 $\cos\angle D$，后面的过程就和解法一一样了。

解法二

连接 AC，由 $BC = \dfrac{1}{4}AB = 1$，得 $AB = 4$。

因为 AB 是直径，

所以 $\angle ACB = 90°$。

所以 在 Rt$\triangle ABC$ 中，$AC = \sqrt{AB^2 - BC^2} = \sqrt{15}$,

$\cos\angle B = \dfrac{BC}{AB} = \dfrac{1}{4}$。

因为 A、B、C、D 在半圆 O 上，

所以 $\angle D = 180° - \angle B$。

所以 $\cos\angle D = -\cos\angle B = -\dfrac{1}{4}$。

在 $\triangle ADC$ 中，
$$AC^2 = AD^2 + CD^2 - 2AD \cdot CD \cdot \cos\angle D,$$

则 $(\sqrt{15})^2 = AD^2 + 1^2 - 2AD \times 1 \times \left(-\dfrac{1}{4}\right)$。

因此 $AD = \dfrac{7}{2}$（负根舍去）。

> **说明**：利用"直径所对的圆周角是直角"，对于完成本解法仍是不可或缺的。

分析三

如图 1-27 所示。如果注意到 $DC = BC$ 这个条件，就可以得到 $\angle DAC = \angle CAB$ 这个结果，进而得到角平分线 AC 这个条件。由于存在角平分线对称因素，而眼前的图形却不

完全对称，因此宜补所缺的部分。因为从对称的角度来看，角平分线 AC 所在的 △ADC 的一侧，较 △ABC 的一侧缺少一块，于是，分别延长 BC、AD 交于点 E，把所缺的部分补上。

这时，只要算出 DE 即可。见到 A、B、C、D 4 个点在同一个圆上时，可联想到"圆内接四边形的外角等于内对角"，得到 ∠DCE＝∠DAB，因而 △DCE∽△BAE。那么，问题就不难解决了。

解法三

延长 BC、AD 交于点 E，连接 AC，如图 1-28 所示。

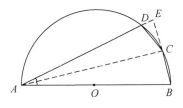

图 1-28

因为　AB 是直径，

所以　AC⊥BC。

因为　$DC=BC=\frac{1}{4}AB=1$，

所以　∠DAC＝∠BAC。

所以　△ABE 是等腰三角形，AE＝AB＝4DC＝4，BE＝2BC。

因为　A、B、C、D 在半圆 O 上，

由圆内接四边形性质，有

$$\angle DCE = \angle DAB。$$

又因为　∠E 是公共角，

所以　△DCE∽△BAE。

所以　$\dfrac{DE}{BE}=\dfrac{DC}{AB}$，

$$DE=\frac{BE \cdot DC}{AB}=\frac{2BC \cdot DC}{AB}=\frac{1}{2}。$$

于是　$AD=AE-DE=AB-DE=\dfrac{7}{2}$。

说明：在本解法中，由直径 AB 所对的圆周角是直角（即 AC⊥BC）切入，柳暗花明，最后求解。可见这个条件是不可或缺的。

分析四

如图 1-26 所示。见到直径 AB 后，在寻求它所对的直圆周角时，如果连接 AC 找到直圆周角 $\angle ACB$，连接 BD 找到直圆周角 $\angle ADB$，则在 Rt$\triangle ABD$ 中，由于 AB 的长已知，为了求得 AD，只要求出 BD 即可。

见到 A、B、C、D 4 个点在同一个圆上，可联想"同弧所对的圆周角相等"，可知 $\angle BDC = \angle BAC$。于是，我们便可以在 $\triangle BCD$ 内算出 BD 的长。

解法四

连接 AC、BD，如图 1-29 所示。

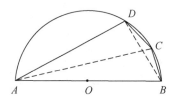

图 1-29

因为 AB 是直径，

所以 $\angle ACB = 90°$，$\angle ADB = 90°$。

又因为 $BC = CD = \dfrac{1}{4}AB = 1$，

所以 $AB = 4$。

所以 在 Rt$\triangle ABC$ 中，$AC = \sqrt{AB^2 - BC^2} = \sqrt{15}$，

$$\cos\angle BAC = \dfrac{AC}{AB} = \dfrac{\sqrt{15}}{4}。$$

因为 A、B、C、D 4 个点在半圆 O 上，$\overset{\frown}{BC}$ 所对的圆周角相等，

所以 $\angle BDC = \angle BAC$。

所以 $\cos\angle BDC = \cos\angle BAC = \dfrac{\sqrt{15}}{4}$。

在 $\triangle BDC$ 中，

$$BC^2 = BD^2 + CD^2 - 2BD \cdot CD \cdot \cos\angle BDC。$$

把 $BC = CD = 1$ 代入，有

$$1^2 = BD^2 + 1^2 - 2BD \times 1 \times \dfrac{\sqrt{15}}{4},$$

得 $BD = \dfrac{\sqrt{15}}{2}$（另一个根为 0，舍去）。

在 Rt$\triangle ABD$ 中，

$$AD = \sqrt{AB^2 - BD^2} = \dfrac{7}{2}（负根舍去）。$$

> **说明**：完成本解法的关键是利用"直径所对的圆周角是直角"，在本次解题过程中两次用到它。

分析五

解法五的前半部分的构思和解法四的前半部分的构思是一样的。也就是说，在寻找直径 AB 所对的直圆周角时，一石二鸟，既连接了 AC，也连接了 BD，得到两个直圆周角 $\angle ACB$ 和 $\angle ADB$。在 Rt△ABD 中，由于 AB 的长已知，因此只要先算出 BD 的长，就可求出 AD 的长。

那么，通过什么途径算出 BD 的长呢？

我们注意到 BC 和 CD 的长相等，可联想到垂径定理，考虑连接半径 OC，由此可知 $OC \perp BD$。在等腰△BCD 中，若设 OC 交 BD 于点 E，那么 $DE = BE = \dfrac{1}{2}BD$；如果能在 Rt△DCE 中算出 DE 的长，则可算出 BD 的长。

如何在 Rt△DCE 中算出 DE 的长呢？

已知 $DC = 1$，那么，只要再算出另一条直角边 CE 的长，或者算出某个锐角的三角函数值即可。

往下的构思，和解法四的构思可谓殊途同归。

也就是说，由 A、B、C、D 4 个点在同一个圆上，可联想"同弧所对的圆周角相等"，可知 $\angle BDC = \angle BAC$。于是，我们便可以算出锐角 $\angle BDC$ 的一个三角函数值。

解法五

如图 1-29 所示，连接 AC、BD。

因为 AB 是直径，

所以 $\angle ACB = 90°$，$\angle ADB = 90°$。

又因为 $\dfrac{1}{4}AB = 1 \Rightarrow AB = 4$，

所以 在 Rt△ACB 中，

$$AC = \sqrt{AB^2 - BC^2} = \sqrt{15}，\cos\angle BAC = \dfrac{AC}{AB} = \dfrac{\sqrt{15}}{4}。$$

因为 A、B、C、D 4 个点在同一个圆上，$\overset{\frown}{BC}$ 所对的圆周角相等，

所以 $\angle BDC = \angle BAC$。

所以 $\cos\angle BDC = \cos\angle BAC = \dfrac{\sqrt{15}}{4}$。

如图 1-30 所示，连接 OC，设 OC 交 BD 于点 E。

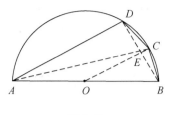

图 1-30

由 $DC=BC$，根据垂径定理，有

$$OC \perp BD，并且 BD=2DE。$$

在 Rt$\triangle DCE$ 中，

因为 $DC=1$，

所以 $DE=DC \cdot \cos\angle BDC=1\times \dfrac{\sqrt{15}}{4}=\dfrac{\sqrt{15}}{4}$，

所以 $BD=2 \cdot DE=\dfrac{\sqrt{15}}{2}$。

在 Rt$\triangle ADB$ 中，

$$AD=\sqrt{AB^2-BD^2}=\dfrac{7}{2}（负根舍弃）。$$

> **说明**：完成本解法的关键是利用"直径所对的圆周角是直角"，在本次解题过程中两次用到它。

分析六

解法六和解法五的构思是一样的。

仍然是，在寻找直径 AB 所对的直圆周角时，连接 AC 和 BD，得到直角 $\angle ACB$ 和直角 $\angle ADB$。仍然是，在 Rt$\triangle ADB$ 中，由于已知中给出了 AB 的长，只要设法算出 BD 的长，即可由勾股定理求出 AD 的长。

当然，在 Rt$\triangle ABC$ 中，可以算出 AC 的长（因为 AB、BC 的长已知）。

那么，怎么算出 BD 的长呢？

我们观察一下，BD 是在等腰$\triangle BCD$ 中，它的两条边 DC、BC 的长已知。

由 A、B、C、D 4 个点在同一个圆上，立即考虑利用"同弧所对的圆周角相等"，得到$\angle BAC=\angle BDC$。

而$\triangle AOC$ 也是等腰三角形，并且三条边的长或者已知或者已经算出，由$\angle BAC=\angle BDC$，可推出等腰三角形 $BCD \sim$ 等腰三角形 AOC。于是，通过相似三角形的对应边成比例，很容易求出 BD 的长。

解法六

如图 1-31 所示，连接 AC、BD 和 OC。

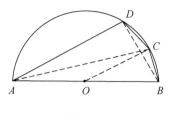

图 1-31

因为 AB 是直径，

所以 $\angle ACB=90°$，$\angle ADB=90°$。

又因为 $BC=\dfrac{1}{4}AB=1 \Rightarrow AB=4$，

所以 在 Rt△ACB 中，

$$AC=\sqrt{AB^2-BC^2}=\sqrt{15}。$$

因为 A、B、C、D 4 个点在同一个圆上，

所以 $\angle BAC=\angle BDC$。

因为 $OA=OC$，$DC=BC=1$，

所以 △AOC 与 △BCD 都是等腰三角形，并且底角相等（即 $\angle OAC=\angle OCA=\angle CDB=\angle CBD$）。

所以 △AOC∽△BCD。

所以 $\dfrac{BD}{AC}=\dfrac{DC}{OC}$，$BD=\dfrac{DC \cdot AC}{OC}=\dfrac{DC \cdot AC}{\dfrac{AB}{2}}=\dfrac{\sqrt{15}}{2}$。

在 Rt△ADB 中，

$$AD=\sqrt{AB^2-BD^2}=\dfrac{7}{2}（负根舍弃）。$$

说明：在本解法的过程中依然要利用"直径所对的圆周角是直角"这个工具。

此处介绍了本题的 6 种解法，无论哪种解法都必须利用"直径所对的圆周角是直角"，"不变"与"万变"在此体现得淋漓尽致。

（三）几种解法融会贯通，由特殊到一般，统一在了一个最本质、最简捷透彻的方法上

【例 1-10】（1）把 8 本书排在上下两格的书架上，每格 4 本，一共有多少种排法？

（2）把 8 本书排在书架上，上格 1 本，中格 3 本，下格 4 本，一共有多少种排法？

第（1）题：

解法一

第一步，从 8 本书中取出 4 本书放到上格中进行排列，有 A_8^4 种排法；

第二步，把剩下的 4 本书，在下格进行排列，有 A_4^4 种排法。

整个过程是分步完成的，应该应用乘法原理来计算，共有排法
$$A_8^4 \cdot A_4^4 = 40\,320 \text{（种）}。$$

解法二

第一步，把 8 本书分成 4 本书一组，共 2 组，有排法
$$\frac{C_8^4 \cdot C_4^4}{A_2^2} = 35 \text{（种）}。$$

第二步，把第一组、第二组中的书向上格和下格分配，有排法
$$A_2^2 = 2 \text{（种）}。$$

第三步，把上格的书做全排列，有排法
$$A_4^4 = 24 \text{（种）}。$$

第四步，把下格的书做全排列，有排法
$$A_4^4 = 24 \text{（种）}。$$

整个过程是分步完成的，应该应用乘法原理来计算，一共有排法
$$\frac{C_8^4 \cdot C_4^4}{A_2^2} \cdot A_2^2 \cdot A_4^4 \cdot A_4^4 = 40\,320 \text{（种）}。$$

解法三

第一步，把 8 本书分别分给上格和下格各 4 本，有排法
$$C_8^4 \cdot C_4^4 = 70 \text{（种）}。$$

第二步，对上格的书做全排列，有排法
$$A_4^4 = 24 \text{（种）}。$$

第三步，对下格的书做全排列，有排法
$$A_4^4 = 24 \text{（种）}。$$

整个过程是分步完成的，应该应用乘法原理来计算，一共有排法
$$C_8^4 \cdot C_4^4 \cdot A_4^4 \cdot A_4^4 = 40\,320 \text{（种）}。$$

解法四

对 8 本书做全排列，共有排法
$$A_8^8 = 40\,320 \text{（种）}。$$

即分别排在上下两个格中的 4 本书的排法种数。

第（2）题：

解法一

第一步，从 8 本书中拿出 1 本书放到上格中进行排列，有排法
$$A_8^1 = 8（种）。$$

第二步，从剩下的 7 本书中拿出 3 本书放到中格中进行排列，有排法
$$A_7^3 = 210（种）。$$

第三步，把剩下的 4 本书放到下格中进行排列，有排法
$$A_4^4 = 24（种）。$$

整个过程是分步完成的，应该应用乘法原理来计算，一共有排法
$$A_8^1 \cdot A_7^3 \cdot A_4^4 = 40\ 320（种）。$$

解法二

第一步，把 8 本书分成三组，第一组 1 本书，第二组 3 本书，第三组 4 本书，有排法
$$C_8^1 \cdot C_7^3 \cdot C_4^4 = 280（种）。$$

然后，分别把这些书分配给上格、中格和下格，由于已经规定上格、中格和下格分别接受 1 本书、3 本书和 4 本书，因此分配方法只有 1 种。

第二步，对上格中的书进行排列，有排法
$$A_1^1 = 1（种）。$$

这个结果是显而易见的。

第三步，对中格中的书进行排列，有排法
$$A_3^3 = 6（种）。$$

第四步，对下格中的书进行排列，有排法
$$A_4^4 = 24（种）。$$

整个过程是分步完成的，应该应用乘法原理来计算，一共有排法
$$C_8^1 \cdot C_7^3 \cdot C_4^4 \cdot 1 \cdot A_1^1 \cdot A_3^3 \cdot A_4^4 = 40\ 320（种）。$$

解法三

第一步，从 8 本书中取出 1 本书给上格，从剩余的 7 本书中取出 3 本书给中格，剩余的 4 本书给下格，有排法
$$C_8^1 \cdot C_7^3 \cdot C_4^4 = 280（种）。$$

之后的步骤与解法二相同，于是一共有排法
$$C_8^1 \cdot C_7^3 \cdot C_4^4 \cdot A_1^1 \cdot A_3^3 \cdot A_4^4 = 40\ 320（种）。$$

解法四

对 8 本书进行全排列，共有排法
$$A_8^8 = 40\ 320（种）。$$

这也是把 8 本书分别给上格、中格和下格 1 本书、3 本书和 4 本书的排法种数。

> **说明**：在第（1）、（2）两道小题的各 4 种解法里，最简单的都是解法四，而且对于两道不同的题目，竟然列出了同一个计算式子。这是为什么？

我们以第（2）题为例进行分析。

按题目的要求，排好后的书应当是

$\triangle$ （上格）

$\triangle\triangle\triangle$ （中格）

$\triangle\triangle\triangle\triangle$ （下格）

它与摆成

$\triangle$ （上格）

$\triangle\triangle\triangle$ （中格）

$\triangle\triangle\triangle\triangle$ （下格）

时的排法种数，以及摆成

$\triangle$ $\triangle\triangle\triangle$ $\triangle\triangle\triangle\triangle$

（上格）　（中格）　（下格）

时的排法种数，以及摆成（向左靠拢一下）

$\triangle\triangle\triangle\triangle\triangle\triangle\triangle\triangle$

时的排法种数是相同的。

而最后一种形式的排法种数是全排列 A_8^8。

这样，我们便从两道题的多种解法的比较中，总结出了关于分段排列问题的一个统一的简捷解法——转化为对全部元素全排列的种数进行的计算。

三、多题归一，形成规律

在例 1-8 中，我们在证明三角形内角平分线性质定理的多种证法的总结中，归纳出对于证明四条线段成比例的一般思考方法。

在例 1-9 中的 6 种解法的比较中，我们发现一条规律：**见到直径，宜找出它所对应的那个直圆周角**。

事实上，如果我们仅仅从一道题目的讨论中，就认定这是一般性的方法和规律，为时尚早。

真正可靠的解题思考规律的形成，应当是在多解归一的基础上，即在挖掘出一道题目的不同解法的共同点的基础上，再比较一批题目，发现它们的共同点，从而形成普遍适用的解题思考规律。

【例1-11】(1) 已知：如图1-32所示，BO、CO分别平分$\angle ABC$和$\angle ACB$，$MON\parallel BC$。

求证：$MN=BM+CN$。

(2) 已知：如图1-33所示，BO、CO分别平分$\angle ABC$和$\angle ACB$的外角，$MNO\parallel BC$。

求证：$MN=BM-CN$。

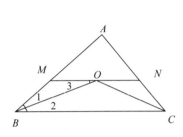

图 1-32

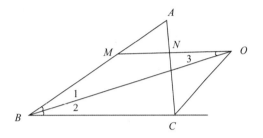

图 1-33

证　明

(1) 因为 $MON\parallel BC$（已知），

所以　$\angle 2=\angle 3$（两条直线平行，内错角相等）。

又因为　$\angle 2=\angle 1$（已知），

所以　$\angle 1=\angle 3$。

所以　$MO=BM$（等腰三角形判定定理）。

同理　$NO=CN$。

所以　$MN=MO+NO=BM+CN$。

(2) 因为　$MNO\parallel BC$（已知），

所以　$\angle 2=\angle 3$（两条直线平行，内错角相等）。

又因为　$\angle 2=\angle 1$（已知），

所以　$\angle 1=\angle 3$。

所以　$MO=BM$（等腰三角形判定定理）。

同理　$NO=CN$。

所以　$MN=MO-NO=BM-CN$。

说明：请看例1-11中两道小题的证明过程中加着重号的两句话。

这是两道不同的题目，已知条件的共同之处是，**都有角的平分线，也都有和角的平分线所在的角的一边平行的线段**。而在证明过程中，都先证出了一个等腰三角形，由此再向前推进，求证的目标就达到了。

这是不是具有普遍意义的规律呢？

下面，我们再来看一个例子。

【例 1-12】 已知：如图 1-34 所示，CE、CF 分别平分 $\angle ACB$ 和它的外角，$EF \parallel BC$，EF 交 AC 于点 D，E 是 AB 上的一点。

求证：$DE=DF$。

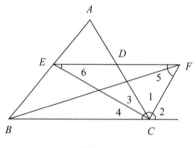

图 1-34

证　明

因为　$EF \parallel BC$（已知），

所以　$\angle 2 = \angle 5$（两条直线平行，内错角相等）。

又因为　$\angle 2 = \angle 1$（已知），

所以　$\angle 5 = \angle 1$。

所以　$DC=DF$（等腰三角形判定定理）。

因为　$EF \parallel BC$（已知），

所以　$\angle 4 = \angle 6$（两条直线平行，内错角相等）。

又因为　$\angle 4 = \angle 3$（已知），

所以　$\angle 6 = \angle 3$。

所以　$DC=DE$（等腰三角形判定定理）。

所以　$DE=DF$（等量代换）。

说明：在本例的证明过程中，又一次利用了等腰三角形判定定理（见加着重号的两句话）来完成证明，而在题目的已知条件中，同样是角平分线和平行线同时出现。

现在我们是否可以说，这是普遍规律了呢？

我觉得仍待商榷。在上面的两道例题中,角平分线都是两条,是否角平分线一定要两条呢?

我们再看下面这个例子。

【例 1-13】已知:如图 1-35 所示,点 B、点 D 分别在 AC、EC 上,AD 是 $\angle CAE$ 的平分线,$BD \parallel AE$,$AB=BC$。

求证:$AC=AE$。

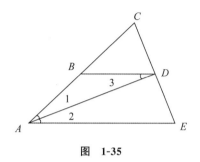

图 1-35

证　明

因为 $BD \parallel AE$(已知),

所以 $\angle 2 = \angle 3$(两条直线平行,内错角相等)。

又因为 $\angle 2 = \angle 1$(已知),

所以 $\angle 3 = \angle 1$。

所以 $AB = BD$(等腰三角形判定定理)。

又因为 $AB = BC$(已知),

所以 $BD = BC$。

所以 $\angle C = \angle BDC$(等腰三角形性质定理)。

又因为 $BD \parallel AE$(已知),

所以 $\angle E = \angle BDC$(两条直线平行,同位角相等)。

所以 $\angle E = \angle C$。

所以 $AC = AE$(等腰三角形判定定理)。

说明:在证明过程中,两次利用了等腰三角形判定定理。第一次利用时,我在它的下面加了着重号;但第二次利用时,我并未在它的下面加着重号,因为这次利用,与我要归纳的规律无关。

在例 1-13 的已知条件中,只出现了一条角平分线和一条平行线。而在证明过程中判定△BDC 为等腰三角形，仍是达到目的的一座桥梁。

至此，从多题归一的角度，我们就总结出了这样一条规律：

当一道题目的已知条件中同时出现了角平分线和与这个角的一条边平行的直线时，应首先把这时的图形内必定存在的等腰三角形挖出来。这往往是顺利达到目的的一座桥梁。

再做一些题目后，我们会发现：那条与角的一条边平行的直线，也可以是与这条角平分线平行的直线。而且，这个角平分线和这条平行线，并不一定必须是在已知条件中同时出现的，也可以是证明过程中的中间产物。

于是，这条规律就修改成了下面的样子：

当角平分线和一条与角的一边或角平分线本身平行的直线同时出现时，立即找出其中必定存在的等腰三角形，常常可以推动分析和思考前进一步。

这是一条普遍适用的规律。

在例 1-8 中，证明三角形内角平分线性质定理的证法一和证法二中，都是由于适时地利用这条规律，才有力地帮助我们找到了题目的证明方法。

在例 1-13 中，还有其他的证法，由于这几道题目是刚刚学习三角形全等时介绍给学生们的，因此我根据这种证法的多题归一，归纳了上面的这条规律。

事实上，前面我在例 1-8 之后归纳的"证明四条线段成比例"这一类问题的思考规律，在例 1-9 之后发现的见到直径立即利用"直径所对的圆周角是直角"的思考规律，也都是通过各自比较、研究了一批题目后，才确定它们是具有普遍适用规律的。

规律归纳出来了，它们能不能真正成为我们解题思考的好帮手，能不能真正提高，甚至大大提高学生们的解题能力，就在于下一步的事情能否做好了。

下一步是什么事情呢？

那就是，**时刻应用它**！

不为事大而惧之，不为事小而轻之。

今后，我们在碰到题目时，不管题目的难易程度如何，都不要自然主义、随遇而安地去想它。我们决不要满足于随机和侥幸地把题目解出来，不能不知道是怎么回事儿就把题目解出来，也不能满足于还没有弄清楚是依据什么想法去构思就把题目解出来。

如果我们没解出来题目，而是在看了参考答案或听老师讲解的做题方法之后才解出来的，那么一定要把这些解法进行解剖，把得到的这些解法的思路归结到我们总结出来的规律上，从而使这些规律，渐渐地成为自己得心应手的武器。

下面，我再举一个例子说明这层意思。

【例 1-14】 已知：如图 1-36 所示，AB 是 $\odot O$ 的直径，点 C 在 AB 的延长线上，CD 切 $\odot O$ 于点 D，$DE \perp AB$ 于点 E。

求证：$\angle EDB = \angle CDB$。

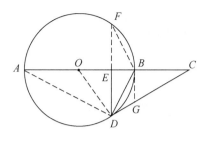

图 1-36

分　析

1. 从 AB 是直径来考虑

（1）联想"直径所对的圆周角是直角"，于是连接 AD，则 $\angle ADB=90°$。

（2）联想"垂径一组定理"，因为 $DE \perp AB$ 于点 E，故延长 DE 交 ⊙O 于点 F，则 $DE=EF$，$\angle EDB=\angle EFB$。

（3）联想"过直径端点的垂线是圆的切线"，于是，过点 B 作 $BG \perp AB$，则 BG 是 ⊙O 的切线。若 BG 交 CD 于点 G，联想"切线长定理"，则有 $BG=DG$。

2. 从 CD 是切线来考虑

（1）联想"切线垂直于过切点的半径"，于是连接 OD，则 $OD \perp CD$。

（2）若见到过切点 D 有弦 DB，联想"弦切角定理"，则 $\angle CDB=\angle A$。

（3）若见到圆外有切线和割线相交，联想"切割线定理"，则 $CD^2=CB \cdot CA$，$\triangle CBD \sim \triangle CDA$。

3. 从直角三角形（Rt△ADB）的斜边上有高（DE）来考虑

联想"直角三角形中斜边上有高时的图形性质规律"，则 $\angle EDB=\angle A$。

上面列出的是我总结过的思考规律，学生们加以利用，在"联想"之后，就可以顺利地添加辅助线，得到本题的多种证法。

证法一

如图 1-37 所示，连接 AD。[考虑到分析中的 1 (1)]

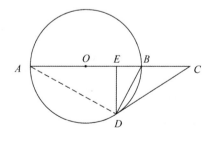

图 1-37

则　$AD \perp DB$。

又因为 CD 是切线，

所以 ∠CDB=∠A［考虑到分析中的 2（2）］。

在 Rt△ADB 中，

因为 DE⊥AB，

所以 ∠EDB=∠A=∠CDB（考虑到分析中的 3）。

证法二

如图 1-38 所示，连接 OD。［考虑到分析中的 2（1）］

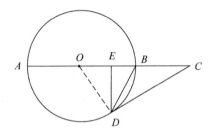

图 1-38

则 ∠ODB+∠CDB=90°，并且 OD=OB⇒∠ODB=∠OBD。

所以 ∠OBD+∠CDB=∠ODB+∠CDB=90°。

又因为 DE⊥AB，

所以 ∠OBD+∠EDB=90°。

所以 ∠EDB=∠CDB（等角的余角相等）。

证法三

如图 1-39 所示，延长 DE 交⊙O 于点 F，连接 FB。［考虑到分析中的 1（2）］

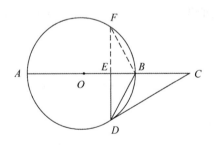

图 1-39

因为 DE⊥AB，并且 AB 是直径，

所以 EF=DE（垂径一组定理）。

又因为 DF⊥BE，

所以 △DBF 是等腰三角形。

所以 ∠EDB=∠F。

因为 CD 是切线［考虑到分析中的 2（2）］，

所以 ∠CDB＝∠F。

所以 ∠EDB＝∠CDB。

证法四

如图 1-40 所示，作 BG⊥AB，BG 交 CD 于点 G，则 BG 是⊙O 的切线。［考虑到分析中的 1（3）］

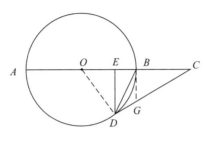

图 1-40

因为 DE⊥AB，

所以 BG∥DE。

所以 ∠EDB＝∠DBG。

又因为 DG 也是⊙O 的切线［考虑到分析中的 1（3）］，

所以 BG＝DG，

∠CDB＝∠DBG。

所以 ∠EDB＝∠CDB。

证法五

如图 1-41 所示，连接 OD，则 OD⊥CD。［考虑到分析中的 2（1）］

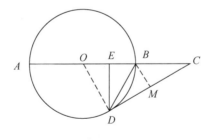

图 1-41

作 BM⊥CD 于点 M，则 BM∥OD。［考虑到另一条思考规律（下面的说明中会详述）］

于是 ∠DBM＝∠ODB。

又因为 OB＝OD，

所以 ∠ODB＝∠OBD。

所以　∠DBM=∠OBD。

又因为　DE⊥AB，DB=DB，

所以　Rt△DBE≌Rt△DBM。

所以　∠EDB=∠CDB。

说明：本例证法五中所说的"另一条思考规律"是指：

当题目中出现角平分线（或线段垂直平分线）这个因素（无论是已知或已证出或欲证）时，则应考虑到：

(1) 角平分线（或线段垂直平分线）的性质定理及其逆定理；

(2) 从对称的角度出发，一切居于对称位置的元素或部分，都是可证明相等或全等的；

(3) 从对称的角度出发，在其中一侧补上（或割去）相对于另一侧所缺少（或多出）的部分；

(4) 考虑应用三角形内角平分线性质定理。

证法五中所运用的是本说明（3）中的规律。

不仅对于角平分线（或线段垂直平分线），在对于许多几何题目的分析思考中，我们也可以站在对称的角度，补上（或割去）所缺（或多出）的部分，都是十分得力的思考方法。

我们从例1-14的5种证法的构思过程中可以看出来，在一题多解、多解归一的基础上，通过多题归一总结出普遍适用的解题思考规律，对于提高学生的解题能力，有着很重要的作用。

在1987年到1997年的10年间，我基本上不给学生留书面家庭作业，更没收过作业，只是每节课后，给学生们"指"一些题目，让大家写写画画，练习运用我们课堂上总结出来的解题思考规律。当然，学生们在练习时要利用多种解法，多解归一，完善原有规律，归纳新的规律。

我"指"的这些题目不是硬性要求学生必须都做的，每个人可以根据自己的情况进行取舍：如果学生觉得这些题目太简单了，则可以不做它们，自己找一些难的题目来做；如果学生觉得这些题目重复了或水平不尽人意，可以自己找更好的题目来练习。

在高三之前，我从来没有"指"过课本以外的题目。这节约了学生们购买练习册的开支，更重要的是节省了学生们宝贵的时间。

很多人质疑这样做行吗？题目见得不多，考试时能做得出来吗？

我的学生说：平面几何，我们连课本上的题目都没有做完（我在数学课上不留作业，只是建议学生们回家后可以看看课本上的习题和复习题，而练习题则免看），不买练习册，课下几乎没见过课本以外的题目，但我们手中有孙老师的平面几何12个表（即12条规律，前面提到的证明"四条线段成比例"的规律，就是其中规模较大的一条规律）、立体几何10个表，掌握了这些规律，无论是平面几何题还是立体几何题，都难不倒我们。

学生们的说法有些夸张。但对于不是怪题、特别难的题目，情况的确如此。这可以从我们在中考、高考和数学竞赛中的成绩看出来。

事实上，不仅对于平面几何、立体几何，在代数和解析几何中，也是如此。

我有时对学生说，我这里有4个"大规律"、15个"中规律"、三四十个"小规律"，只要熟练掌握它们，那么从初一到高三，从代数到几何，就没有不会做的题目。

正因为如此，我们可以根本不进入题海中，又由于我们站在系统和哲理的高度，运筹帷幄、纵横驰骋，课程进度也大大加快。第三轮教育教学实验班的初一新生入学后，我同时讲代数与几何两门课程，但每周6节数学课并没有增加。由于我经常外出开会，实际每周上的数学课不到6节，但是我们只用了一年半的时间就学完初中数学的全部内容[1999年9月入学的初一（9）班的学生，则是用一年的时间学完]，而且增加了许多内容，例如，反证法、充要条件、逻辑、初等数论、平均数不等式、排列、组合等知识。在学生初三毕业前，我们基本学完高中数学（包括代数、立体几何和解析几何）；同时，我还补充了排序不等式、柯西不等式等高等数学的一些内容。1999年9月入学的初一（9）班的学生，到2000年12月末，已学完了高一第二学期的代数和立体几何的内容，到初二结束时，学生们已学完全部中学的数学课程。

但是，掌握武器的是人。先进的武器，只有在训练有素、勇敢坚强的战士手中，才有巨大的杀敌作用。我们的解题思考规律是在一题多解、多解归一、多题归一的实践中总结出来的，是很宝贵的。但它们之所以能在我们班的学生参加的中考、高考和数学竞赛中发挥作用，如本章一开始就写下的那样，是因为我们全心致力的"事业"——造就一个强大的头脑取得了进展，否则，如果这些条件不能灵活、适时地运用，那么它在一道题目中所能起到的作用就很有限了。

自1981年以来，到二十二中来听我讲课的全国各地教师已有1万人以上。有很多教师听完课后，向我要"大规律、中规律、小规律"的表。因为他们在听课时看到了学生们表现出很高的解题能力，学生们到黑板上讲题时，常常说自己是根据某某规律，因而采取某种构思或某种方法的。

我对这些教师说，这些规律，我们并不保密，它们是在我们经历了很长一个时期的"实践→认识→再实践→再认识→再实践"过程之后才发挥作用的。同时，全身致力于提高自己的思维水平，造就一个强大的头脑，把通过实践、观察、发现、归纳规律，也作为造就一个强大头脑的一个方面。

这时，我往往把我们的4条大规律告诉他们：

> （1）深入进去，弄通情景；
> （2）运动的哲理思想包括"换个角度想问题是灵活性的本质"，其中又包括与顺推分析和递推分析相结合；
> （3）联想思维，包括善于把新课题归结到所用知识的基础上；
> （4）广义对称思想。

我发现，每每这时，听课的老师们常常有些失望，因为这不像他们所期望的"宝葫芦"。对于4个大规律中的第（4）条，他们更是表现出一种惘然的神情。

于是，我又赶紧解释：对于我们来说，第（4）条是最根本的，它不仅仅只指导我们做题。我这里所说的对称，不是指轴对称、中心对称、对称方程和轮换对称式等，它们不过是对称的沧海一粟。

四、广义对称

（一）数学中的广义对称

我上课说的对称是什么呢？

1986年，我第一次向学生们提出对称思想时，我这样说：

> 同学们，你们历史课上讲过《望厦条约》吗？那是美国强加给我们民族的不平等条约。由于美国的兴起比葡萄牙、英国和法国等国家晚，当美国来到中国时，它发现中国这块"肥肉"已经被其他国家或者瓜分或者划分势力范围，没给它留多少机会了。
>
> 怎么办呢？

我继续说，这时学生们兴趣盎然，我把历史知识融入数学课中，让学生们倍感亲切。

> 美国提出，中国应该开放门户，让各列强机会均等，利益均沾。

教室里，鸦雀无声。

> 今天，我们抛开美国对清政府提出"门户开放，机会均等，利益均沾"的罪恶用心不谈，我所说的对称，就是这8个字，"机会均等，利益均沾"。
>
> 当然，这个"均"字，不能搞绝对平均主义，并不是要求所得利益各占50%，或"三一三剩一"，而是指事情的合理性，或者说是一个"该"字。命该如此，就该如此。

这时，学生们的神情是复杂的，既有新鲜，又有些茫然，还感到玄乎。他们必定尽可能地联想，找根据：

> 等腰三角形的高线两侧，是能够完全重合的；过平行四边形对角线交点的任意一条直线，把平行四边形分成的两部分，是全等的……

> 这些对称的两方面，是严格地各占 50% 呀！
>
> 哦，也不一定，轮换对称式
> $$a^3+b^3+c^3-3abc$$
> 中的 a、b、c 是对称的，但并不是说它们各占 30%，是指它们的地位是平等的。如果把它改为
> $$a^3-b^3+c^3-3abc,$$
> a、b、c 就不是对称的了，但 a 和 c 是对称的。

"还有呢?"我停顿了一会儿问，待许多学生大致能联想到上面这种水平时，我又继续讲了：

> 例如，在余弦定理
> $$c^2=a^2+b^2-2ab\cos C$$
> 中，由于在 △ABC 中，边 a 和边 b，对于边 c 来说，地位是平等的，所以在等式右端，a^2 和 b^2 只能同号，哪怕都是负的于情理上也说得过去，但不能一正一负。第三项中两条边的乘积，只能是 $a \cdot b$，而不能是 $a \cdot c$ 或 $b \cdot c$，否则对于 a、b 就是不平等的。同理，$a \cdot b$ 后面只能再乘上 $\cos C$，使 ∠A、∠B 都不出现，这对边 a 和边 b 也是平等的。
>
> 同样的情况，三角形面积公式
> $$S_\triangle=\frac{1}{2}ab\sin C$$
> 中，取 $\sin C$ 就是为了保持边 a 和边 b 的平等地位，使其具有合理性。
>
> 另一个三角形面积公式
> $$S_\triangle=\frac{a^2\sin B \cdot \sin C}{2\sin A}$$
> 中，由于 $\sin B$、$\sin C$ 和 $\sin A$ 三个正弦中，需要有两项写在分子上有一项写在分母上，因为三角形的三条边在这个计算面积的公式中，只有边 a 出现了，所以 b 和 c 的地位是平等的、对称的，就不能让 $\sin B$ 和 $\sin C$ 中的一个在分子上另一个在分母上。从这种角度考虑，这个面积公式当然还可以写成：
> $$S_\triangle=\frac{b^2\sin C \cdot \sin A}{2\sin B}=\frac{c^2\sin A \cdot \sin B}{2\sin C}。$$
> 而对于另外的面积公式，
> $$S_\triangle=2R^2\sin A \cdot \sin B \cdot \sin C$$
> 和
> $$S_\triangle=\frac{abc}{4R},$$
> 由于对于三角形的外接圆半径 R 来说，可能三条边不一样长，但它们彼此之间的地位是平等的，因此，无论 $\sin A$、$\sin B$ 和 $\sin C$，还是边 a、边 b 和边 c，要么"三兄弟"都出现在分子上，要么都出现在分母上，而不能有的出现在分子上，有的出现在分母上。

这时，教室里已是一派春意。我继续说：

> 大家来看看海伦公式
> $$S_\triangle = \sqrt{p(p-a)(p-b)(p-c)},$$
> 它对称得多么耐人寻味，既然公式中把 p 减去 a 作为一个因子，也一定可以把 $(p-b)$、$(p-c)$ 请出来。可是 $(p-a)(p-b)(p-c)$ 的单位是 cm^3，取算术根后，得不出面积的单位 cm^2。怎么办呢？只要在 $\sqrt{}$ 号里面再乘上一个单位是 cm 的量即可，但乘上哪条边呢？乘上 a、b 还是 c 呢？都不行！因为这样一来，对于 a、b、c 就不公平了。想来想去，还是乘上 p 吧，一方面，它的单位是 cm，更重要的是：
> $$p = \frac{a+b+c}{2},$$
> 对于 p 来说，a、b、c 是平等的、对称的……

至此，教室里笑声一片了。

广义对称思想，就是这样从初一到高三，学生们时时处处，耳濡目染。这种情景，恰如杜甫的《春夜喜雨》："好雨知时节，当春乃发生。随风潜入夜，润物细无声。"

学生们掌握广义对称思想，绝不仅仅是为了做题，更是为了造就一个强大的头脑，这是哲理对智慧的滋养。在我们班上，广义对称思想是最受学生喜爱的，也是最重要的哲理思想。

(二) 理性的基础和惊人的结论

1998 年年末，据说有一本书风靡于北京大学——《可怕的对称：现代物理学中美的探索》，由阿·热（Anthony Zee）著。

书的扉页是这样写的：

> 我想知道上帝是怎样创造这个世界的，我对诸种现象并不感兴趣，我想知道上帝的思想，其他均属细节。

——阿尔伯特·爱因斯坦

书中的正文第 1 页，用大字写了下面 4 行内容：

> 老虎！老虎！燃烧的火焰，
> 游荡在那黑夜的林莽。
> 什么样超凡的手和眼，
> 才能铸造你这可怕的匀称？

——威廉·布莱克

第一章"对美的追求"，开始的引言是：

> 我记得最清楚的是，当我提出一个自认为有道理的设想时，爱因斯坦并不与我争辩，而只是说，"啊，多丑！"只要觉得一个方程是丑的，他就对之完全失去兴趣，并且不能理解为什么还会有人愿在上面花这么多的时间。他深信，美是探求理论物理学中重要结果的一个指导原则。

——H. 邦迪

1983年开始,我曾在北京和其他省市的许多次讲学以及一些文章中提出过一个看法:

> 数学是非常美的。数学的美,是它高度的严谨和合理而达到的和谐,是那样一种令人神往的内在和谐。
>
> 这种合理与和谐,是作为数学科学的广义对称。

现在回到《可怕的对称:现代物理学中美的探索》中来。

第一章"对美的追求"中"内在美和外在美"的内容如下:

内在美和外在美

当我在海边(或更可能在贝壳商店)发现一个鹦鹉螺时,它的美吸引了我。但一个生物学家可能会告诉我,这种完美的螺旋形状只不过是贝壳生长速率不等的结果。作为一个人,知道这以后也丝毫不会减少我对美丽的鹦鹉螺的迷恋,但作为一名物理学家,我被驱使去超越我们所能见到的外在美。我想讨论的并不是翻卷的波浪的美,也不是弓伏在苍天的彩虹的美,而是存在于最终支配着各种形态下水的行为的物理学定律中的更深沉的美。

这"更深沉的美"指的是什么呢?

第四章"时间与空间的联姻",一开始就着重强调对称性:

有几乎整整300年的时间,物理学家对对称性的认识还仅限于旋转和反射不变性。由于这两种对称都能被立即觉察到,物理学家不会劳神费力去将对称当成一种基本的概念。确实,在20世纪以前的物理学中很少提到对称性。

1905年爱因斯坦提出了狭义相对论,这使我们对时间和空间的认识发生了一场革命。我认为爱因斯坦的理论第一次发现了自然界一直在忍痛隐藏的对称性。就像我们在这一章将要看到的,要从自然的设计中辨认出相对论与对称性需要相当高的鉴赏力。

对物理感兴趣的外行人长期以来一直为爱因斯坦所得到的让人吃惊的科学幻想般的结论所吸引。然而,在本书中我要明确区分物理结果与物理理论的理性基础。

爱因斯坦的理论的理性基础是对对称性的威力的深刻理解,正是在此基础之上,他才得出了这个理论的实际的物理结果。

是的,爱因斯坦给出的物理结果确实让人难以置信:质量与能量等价,时间与空间联姻,对此谁不会感到吃惊呢?因此,大多数介绍爱因斯坦工作的通俗读物要强调这些奇异特征是很自然的。但这样处理的结果往往失之于没能突出我认为是爱因斯坦的真正辉煌的理论性遗产的东西,即他对于对称性的看法,是爱因斯坦使对称性得以成为现代物理的明星的原因。

物理学的明星,数学的美丽……都通向了"它"——伟大的"对称"。

对称是驾驭一切的,因为它是哲理,至高至精。

因而,用对称的思想让学生耳濡目染,渐渐地,用它去认识问题,解决问题,在学生那里，也渐入佳境，习以为常了。这时，一个强大的头脑就日臻成熟。

（三）三个半天可以学完高中数学的内容吗？

1998年12月底，我的妻子回家后对我说："今天在亚运村社区服务中心，我遇到一位北京邮电大学的于老师，她和你们班（即第三轮教育教学实验班）的高航的姑姑是同事。高航对她说，'中学数学有什么难？我们孙老师教我们时，用三天的时间就把高中数学的内容讲完了。'于老师说你太神了，希望将来你能教她的小孩。高中数学的知识三天就讲完了，有这回事儿吗？"

"有这回事儿，不过于老师可能听得不太准确吧。"我回答说，"事情是这样的，1994年1月17—19日这三天，当时是我们班初三第一学期期末考试之后放假之前的空闲时间，我用这三天的上午，把整个高一第二学期全部的代数和高二代数的第一部分反三角函数及简单三角方程都讲完了。由于在初二我们已经完成初中数学的教学，初三第一学期已经学完高一第一学期的代数和高一两个学期的立体几何。因此，这三天上午，我们学完了高一第二学期的代数并开始学习高二的代数。"

"效果行吗？"妻子问我。

我继续回答："当时，1月16—21日，《中国大百科全书》（青少年版）在北京召开编委会，我参加完开幕式后，回学校上完这三个半天的课，又赶回去参加后半截的会议。有的同志问我这几天干什么去了，我说明了情况，他们也提出了和你一样的疑问，我说，会议结束后，我请各位到二十二中去，考考我们班的学生好不好？"

这三天上午学的知识合在一起，有将近一本书的内容，我当然不能依照课本中的内容逐页来讲。我们是站在系统的高度，进行整体教学和学习的。

但是，无论你如何从系统的高度出发，这一部分内容仅公式就有80个啊！更何况，我们又补充了一部分公式，总共有118个公式！

然而我们的的确确完成了。

这是为什么呢？

这是因为，这些学生从初一入学到现在已经有两年半的时间。这个期间，他们发现和汲取哲理特别是广义对称思想；站在系统的高度八方联系、浑然一体、浮想联翩、思潮如涌，进而具有超前思维并向老师挑战在思维运动中训练思维的课堂拼搏精神；潜心钻研一题多解、多解归一、多题归一。学生们的思维水平和智力素质都已经大大提高，造就一个强大的头脑，使自己变得聪明，甚至更加聪明，已经日益显著。因此，众多的知识内容，不但可以在短短的三个半天拿下来，而且往后的学习进度只会愈来愈快。到初三毕业时，学生们已基本学完中学数学6年的内容，并且质量可靠。

如果不跳出狭隘的就事论事，上述的结果是不可能实现的。因为就具体的知识而言，没有时间和精力的累积，怎么可能拿下来呢！

但系统先进了，观点高了，头脑发达了，昨天的一座高山，在今天看来简直是一个小土堆，甚至是黄土一抔。

下面举一个小例子:

【例1-15】 已知:如图1-42所示,点A、点C在∠POQ的边OP上,点B、点D在边OQ上,AD、BC交于点M,并且OA=OB,AC=BD。

求证:OM是∠POQ的平分线。

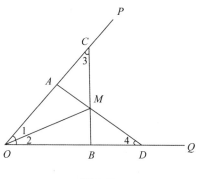

图1-42

分析

这道题目,原是20世纪80年代《平面几何》教材中第三章的复习题。很多老师说,对于刚开始学平面几何第三章不久的初二学生来说这道题目太难了,后来,课本再版时这道题目就被删去了。

这道题目难在哪里呢?这道题目难在需要证明三角形三次全等。而现在,证明三角形两次全等的题目已经够学生想半天了。

通常情况下,大家会根据题目按照惯性思维证明"三角形第一次全等""三角形第二次全等"……而我们班的学生运用我总结的下面的小规律就能顺畅地完成思考:

(1) 当图形呈对称性或旋转性时,一切居于对称位置的元素和部分都是可证明相等或全等的;若图形全等的条件不足,则可考虑由另外的一组图形全等为欲证的图形全等创造条件。

(2) 图形不具有对称性或旋转性时,证明图形全等要先认准对应关系,其方法是"角找边来,边找角"。即已知相等的一组角(或边),所对的边(或角)是对应的;欲证明相等的一组边(或角),所对的角(或边)是对应的,则所余下的一组边(或角)也是对应的。

本例属于上面规律(1)中的情况。

欲证明∠1=∠2,只要证得△OMC≌△OMD,或△OAM≌△OBM即可。因为这两组三角形的位置都是对称的,所以必可证得全等,这样证明∠1=∠2 的目的就达到了。

在△OMC 和△OMD 中,已经有了 OM 这条公共边和可证得的 OC=OD,但证明这两个三角形全等还缺一个条件,由于∠1 和∠2 是欲证相等的角,因此出路只能在证出 CM=DM 上〔由于"边边角"(SSA)的条件不能判定两个三角形全等,因而即使证出其他两组角对应相等亦无济于事〕。这样,问题便转化为证明△AMC≌△BMD。

如果觉得上面的思路麻烦,我们就来看能否证明△OAM≌△OBM。我们发现,在△OAM 和△OBM 中,已经有了 OA=OB,OM 是公共边,还缺一个证明它们全等的条件。由于∠1 和∠2 是欲证相等的,因此出路只能在证出 AM=BM 上(由于"边边角"不是全等的判定定理,因而即使证出其他两组角对应相等亦无济于事)。同样的,问题转化到证明△AMC≌△BMD。

殊途同归,两条道路并为一条,都归结为只要证出△AMC≌△BMD 即可。

我们在分析这两个三角形时发现:它们已经具备 AC=BD 及∠AMC=∠BMD,还缺少一个全等的条件,我们只能努力证出∠3=∠4(或∠CAM=∠DBM)即可。

∠3 和∠4 分别在△BOC 和△AOD 中,它们居于对称位置,条件已具备,证法找到了!

上面的分析中假设证出∠3=∠4(或∠CAM=∠DBM),我们看到∠CAM 和∠DBM 分别是∠OAM 和∠OBM 的补角,能不能努力证出∠OAM 和∠OBM 相等呢?不行,因为它们分别在△OAM 和△OBM 中,而要证明它们全等,需要先证明△AMC≌△BMD,此路不通。但如果把∠OAM 和∠OBM 看成居于对称位置的△AOD 和△BOC 中的一组角,则又与前面分析的结果再次殊途同归了。

这样一来,逆推分析过程就一路顺畅,天衣无缝,只此一家了!

用上面规律中的(1)指导进行顺推分析,甚至更为流畅,具体分析如下:

如果图形具备明显的对称性,则居于对称位置的三角形有:

① △OAM 和△OBM,

② △OCM 和△ODM,

③ △AMC 和△BMD,

④ △OBC 和△OAD。

它们必都是全等的。

若从已知出发,那么谁已经满足了条件呢?答案是第④组。

△OBC 和△OAD 全等,能为其他三角形提供什么条件呢?即除了提供 AD=BC 以外,还能提供∠3=∠4 和∠OBM=∠OAM。

∠3=∠4 能补齐△AMC 和△BMD 全等所需要的条件!

而后,△AMC 和△BMD 的全等又能再为其他三角形提供什么条件呢?即

a. 提供 AM=BM,将补齐△AOM 和△BOM 全等所缺的条件,从而证得∠1=∠2。

b. 提供 CM=DM,将补齐△COM 和△DOM 全等所缺的条件,从而证得∠1=∠2。

两个证法，就这样"大珠小珠落玉盘"了。

∠OAM=∠OBM，我们能推出它们的补角相等，即∠CAM=∠DBM，亦将补齐△AMC 和△BMD 全等所缺的条件。

下面写出其中的一种证明过程。

证　明

因为　OA＝OB（已知），AC＝BD（已知），

所以　OC＝OD（等量加等量，和相等）。

在△OBC 和△OAD 中，

因为　OB＝OA（已知），

　　　OC＝OD（已证），

　　　∠BOC＝∠AOD（公共角），

所以　△OBC≌△OAD（SAS）。

所以　∠3＝∠4（全等三角形中对应角相等）。

在△AMC 和△BMD 中，

因为　AC＝BD（已知），

　　　∠3＝∠4（已证），

　　　∠AMC＝∠BMD（对顶角相等），

所以　△AMC≌△BMD（AAS）。

所以　AM＝BM（全等三角形中对应边相等）。

在△AOM 和△BOM 中，

因为　AM＝BM（已证），

　　　OA＝OB（已知），

　　　OM 是公共边，

所以　△AOM≌△BOM（SSS）。

所以　∠1＝∠2（全等三角形中对应角相等）。

即 OM 是∠POQ 的平分线。

初学平面几何时，我比学生们写的叙述过程要细致，于是就写成了上面的过程，对于学习平面几何刚刚两个多月的学生来说，所用的时间是稍长了一些。

但是，如前所述，在教学生证明时，我不是死盯着这个证明的过程，围着三角形第一次全等、三角形第二次全等、三角形第三次全等转，而是归纳解题思考方法，让学生从每个解法步骤是怎么构思出来的角度思考，就是另外一种局面了——登高望远，豁然开朗。与此同时，伴随着学生的则是他们的思维水平的迅速提高。

这里，还包含着一层意思，即老师给学生讲题，不但要讲清楚一步一步的解法，更要讲出得到这个解法的构思和酝酿过程。

五、讲出其然，更要讲出其所以然

这里所说的"所以然"，就是得到解法的构思酝酿过程。在读完题目后，第一步为什么决定从这里下手，然后，第二步又为什么往那里想，第三步又为何进而采取这个手段，第四步……直到最后一步。

大家可能已经注意到，从例1-8中的8种证法开始，我们写出了解题的分析过程。对于例1-14，则是在证明过程中关键性的步骤后面增加了一个括号注释，括号里面写出了"所以然"。

在我们班的每堂课上，无论是学生，还是老师上讲台讲题，都有一个不成文的规定，即必须讲出自己是怎么想出来的。

老师给学生讲题，如果只是把题目的解题过程一步一步讲清楚，哪怕再细致、再明白，但不讲出这些解题步骤是怎么想出来的，这对于提高学生的解题能力的效果也不大，甚至有消极作用。因为只知其然，不知其所以然，学生会做这道题目，但换一道题目又不知道怎么思考了，仍然不会做，除非两道题目很类似，否则，这样会导致学生崇信多做题，陷入题海。

只知其然的消极作用还在于，一道题目，学生做到深夜也毫无头绪，第二天上课听老师一讲，根本不是自己想的思路，却那么漂亮地完成了！那么简捷！老师到底是学数学出身，自己呢？只好自叹弗如，看来自己的脑袋瓜还是不行，就是笨。

这样的想法，在心理上给许多学生造成的创伤和打击是致命的。失去了自信心的孩子，要么一蹶不振，要么认为自己不聪明，只能把老师讲的解法一道一道地都背下来。殊不知，死记硬背是一条荆棘丛生的羊肠小道，走不出光明来。

老师要想给学生讲出这"所以然"，必须亲自动手做每道题目。如果课本上的题目老师靠看教学参考书上的解析，考卷上的题目靠看标准答案或评分标准，则难以给学生讲出构思的过程，他也只好一步一步地复述别人的解题步骤了。

我从来不看教学参考书或标准答案，也从来不问别人，自我上学开始，就有这个习惯。我一般不找老师问答案，而是有问题一定要自己想，我把这些都讲给学生们听。因此，我在留思考题时，也决不给学生们提示。我自己在做题时，也会遇到困难，甚至在一段时间内百思不得其解。

到了课堂上，我不但不隐瞒自己"误走麦城"，反而绘声绘色地讲自己当时做题的心情，这时学生们就会感到很亲切。喔！原来孙老师也有"嘬瘪子"[①]的时候，他也不是神人，那么自己没想出来，不但情有可原，而且在情理之中嘛！

这样一来，学生们反倒从之前的挫折和懊恼中振奋起来，不仅没有损伤自信心，反而看到了希望。

---

① 比喻受窘为难；碰壁。

希望在哪里？希望在这里：

> 一是看来自己并不笨，至少孙老师的智力和我差不多；
>
> 二是孙老师还是做出来了，听听他碰壁时如何摆脱窘境的经验，我们把它学过来，今后就不再怕碰壁了。

下面，我举一个例子来说明。

（一）我和朋友女儿的一次讨论

有一天，我的一位朋友带她的女儿来找我问问题，她的女儿在北京市重点中学上初三，是一名优秀的学生。下面就是这道题目：

【例 1-16】 已知：$\odot O_1$ 和 $\odot O_2$ 相交于 A、B 两点，CD 是两个圆的外公切线段，如图 1-43 所示。

求证：$BC \cdot AD = AC \cdot BD$。

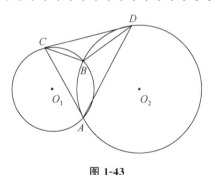

图 1-43

我想了一会儿，给她讲了我的证明方法。

证　明

如图 1-44 所示，连接 AB，并延长 AB 交 CD 于点 E。

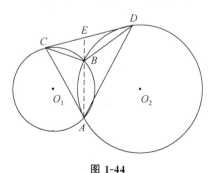

图 1-44

因为　CE 是 $\odot O_1$ 的切线，

所以　$\angle ECB = \angle CAE$（弦切角定理）。

又因为　∠AEC 是公共角，

所以　△AEC∽△CEB。

所以　$\dfrac{AC}{BC}=\dfrac{CE}{BE}$。

同理　$\dfrac{AD}{BD}=\dfrac{DE}{BE}$。

又因为　CE 是⊙O_1 的切线，有

$$CE^2 = BE \cdot AE\text{（切割线定理）}.$$

同理　$DE^2 = BE \cdot AE$。

所以　$CE = DE$。

于是　$\dfrac{AC}{BC}=\dfrac{CE}{BE}=\dfrac{DE}{BE}=\dfrac{AD}{BD}$。

即　$BC \cdot AD = AC \cdot BD$，证毕。

讲完后，我问她：

"明白吗？"

"明白。"她立即回答，表情既喜悦又惊奇。接着，她又自言自语地说："这么简单！可是，我怎么……"

"你要说什么？"我立即追问，"是不是要说自己太笨了？不能这么想，孙老师和你是一样的嘛！"

接着，我向她仔细地讲了我的"想了一会儿"都是怎么想的。

分析一

如图 1-45 所示。（逆推分析）由于要证明 $BC \cdot AD = AC \cdot BD$，因此首选的考虑应当是看 $BC \cdot AD$ 和 $AC \cdot BD$ 是否是同一个图形的面积（或面积的 2 倍等相同倍数）。结果不是！

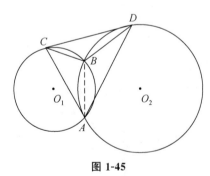

图 1-45

再看看它们是不是都为同一条线段或两条相等线段的平方（成立比例中项式）。结果也不是。

这时，我才考虑把乘积等式化为比例式

$$\dfrac{AC}{BC}=\dfrac{AD}{BD},$$

试着证明四条线段成比例。

观察这四条线段的位置，只要连接AB，它们就分居于两个可能相似的三角形的对应边的位置上。（运用本节例1-8中总结的"证明四条线段成比例"的规律）

于是，我做出决策——连接AB。

这时她插话："我连接的就是AB！"她让我看她在本上画的图形，的确AB已连接。

"不过我没想那么多，上来就连上了。"她继续说。

"那不好，添加辅助线，不能心血来潮盲目地添加，一定要深思熟虑，有根有据，必须是'逢山才打洞，遇水才架桥'地添加。"我纠正她说。

我又接着说："有些同学拿过一道题目，不管三七二十一，乱加一气，把图涂成一个大花脸，自己把自己搞乱了阵脚。这种做法一定要改正。添加辅助线也有规律总结，要根据规律审时度势，水到渠成，使它应运而生。虽然我们都连接了AB，但是不是我的连接水平高了一点呢？"

她点了点头。

"下面的任务，就是证明$\triangle ABC \backsim \triangle ABD$了，你是不是走到了这一步，就走不下去了呢？"

她笑了。

"你看，孙老师进行合理思考，也走到了这一步，我们殊途同归。从这点来看，我们的水平差不多嘛！"

她又笑了，刚来时的懊恼一扫而光，变得自信起来。

她说："为了证明它们相似，我费了好长好长的时间，到底也没证出来呢！"

我是怎么回答她的呢？

我说："我1分钟的时间都不肯花费，不是花费，是不肯浪费。因为我立刻就看出来，它们不可能相似！"

她震惊了，大概心里在想我是怎么看出来的。

我接着说："我们来看这个图形（如图1-46所示），当$\odot O_1$和$\odot O_2$不相等时，BC和BD也是不相等的，它们的比不等于1。也就是说，如果$\triangle ABC$和$\triangle ABD$相似，那么相似比不是1。但是$\triangle ABC$中的边AB和$\triangle ABD$中的边AB是对应边，它们的比是1，和前面矛盾。因此，这两个三角形不可能相似，你就别枉费心机了！"

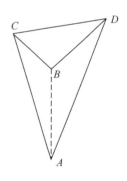

图1-46

"嗨！我怎么就想不到这点呢？真是一条道上跑到黑，白费劲了。"她又懊恼了。

"吃一堑，长一智，我们要从中吸取教训。"我把她的话接过来，"什么教训呢？当我们的解题思路受阻时，我们应当判断一下，这个方向是否行得通？怎样判断呢？宜换一个角度去思考，我刚才就是换了一个角度，从如果证得了两个三角形相似，那么由$\dfrac{AB}{AB}=1$，推出了与假设矛盾。"

我接着说："证明它们不可能相似，还可以从另外的角度，采用其他的方法（如图

1-45 所示）。

"根据欲证明的比例式表现出来的边的对应关系，$\angle CAB$ 和 $\angle DAB$ 是对应角，它们是否相等，不是一眼就能看出来的。那么我们换个角度，判断 $\angle CBA$ 和 $\angle DBA$ 是否相等，仍不明朗。那么我们再换个角度，看看 $\angle ACB$ 和 $\angle ADB$ 是否相等。当 $\odot O_1$ 的半径小于 $\odot O_2$ 的半径时，$\angle ACB > \angle ADB$。

"在 A、B 两点之间，由于 $\odot O_1$ 的半径小，因此 $\odot O_1$ 上的 $\overset{\frown}{AB}$ 的长度大于 $\odot O_2$ 上的 $\overset{\frown}{AB}$ 的长度。而 $\odot O_1$ 的周长小，因此 $\odot O_1$ 上的 $\overset{\frown}{AB}$ 占 $\odot O_1$ 周长的份额就大，于是 $\odot O_1$ 上的 $\overset{\frown}{AB}$ 的度数大于 $\odot O_2$ 上 $\overset{\frown}{AB}$ 的度数。根据圆周角的度数等于它所对弧度数的一半，可得 $\angle ACB > \angle ADB$。

"于是，当 $\odot O_1$ 和 $\odot O_2$ 不相等时，$\triangle ABC$ 和 $\triangle ABD$ 不相似。"

这时，她似乎很后悔自己当初的固执，便说：

"这么简单的事，今后我可要记住：当一道题目久攻不下时，一定要换一个角度想想我的思路是否正确。"

"好极了，我想，这应该是你今天的第一个收获。"我把话接过来。

"不对，孙老师。我的第一个收获是刚才您已经给我讲了这道题目的证法。"她纠正我的疏忽。

而我却不认账，说："对于我讲的这道题目的证法，到现在为止，还谈不上是你的收获。"

"为什么？"她不解地问。

我回答说："现在，你已经确确实实地明白，证明 $\triangle ABC$ 和 $\triangle ABD$ 相似这条道路不能往下走了……"

她立刻接道："但我还不知道为什么要采取把 AB 延长这种做法。"

"太好了。"我很满意，看来，她已经比只求"知其然"进了一步，懂得要求自己"知其所以然"了。

下面的分析二，是我在否定了第一次努力之后所做的第二次努力。

分析二

如果退回来，我们应该向哪里觅出路呢？（顺推分析）从 CD 是切线出发，根据我们以前总结出来的关于圆的思考规律，我们可以做以下分析：

（1）我们联想"过切点处，有半（直）径，则垂直；有垂直，则有半（直）径。"但这个规律对本题的意义不大，因为本题过切点处既无半径和直径，也无与切线垂直的直线。

（2）如果过切点处有弦，则想"弦切角定理"。但这个规律对本题的意义不大，由于 $\angle CAB$ 和 $\angle DAB$ 已不可证得相等，因此，它们分别与 $\angle BCD$ 及 $\angle BDC$ 相等已无价值。

（3）如果有切线相交时，则想"切线长定理和对称图形"，但本题无切线相交，这条路也行不通。

(4) 如果有切线及割线相交,则想"切割线定理及图形中的相似三角形"。

(5) 在看到外(内)公切线时,联想"它们与连心线交于一点,形成一个轴对称图形以及那个由连心线、半径差(和)、外(内)公切线段组成的直角三角形"。

现在,从上面的规律(4)出发,添加辅助线,延长 CB 交 $\odot O_2$ 于点 E,延长 DB 交 $\odot O_1$ 于点 F,如图 1-47 所示。

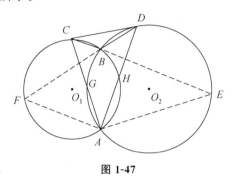

图 1-47

这时,由切割线定理,得到

$$CD^2 = BC \cdot CE,$$
$$CD^2 = BD \cdot DF,$$
$$CD^2 = CG \cdot AC,$$
$$CD^2 = DH \cdot AD。$$

这里,记 AC 交 $\odot O_2$ 于点 G,AD 交 $\odot O_1$ 于点 H。

消去 CD,得到

$$\frac{BC}{AD} = \frac{DH}{CE}, \quad \frac{BC}{AC} = \frac{CG}{CE}, \quad \frac{BC}{BD} = \frac{DF}{CE}。$$

这里是 3 个关系式,一共有 AC、BC、AD、BD、CE、DF、DH、CG 8 个变量。根据方程组原理,方程的个数比未知数的个数少 5 个,在各未知数都没有解出来时,必可确定任意 5 个未知数之间的关系。

而本题要证明的 $\dfrac{AC}{BC} = \dfrac{AD}{BD}$ 是确定 4 个未知数之间的关系,一般无法做到。实际分析一下,也确实出现循环表达,这意味着应该寻找另外的条件作为突破口。

这时,我们注意到 A、B、C、F 这 4 个点都在 $\odot O_1$ 上,脑子里立刻想出我们在例 1-9 中提到的 4 个点在圆上的思考规律,联想本题:

(1) 找出 4 对各自相等的圆周角;

(2) 想圆内接四边形对角互补;

(3) 想圆内接四边形外角等于内对角。

从 (1) 出发,连接 AF、AE,得到 $\angle F = \angle ACE$,$\angle E = \angle ADF$,从而 $\triangle AFD \backsim \triangle ACE$。

得到 $\dfrac{AC}{AF} = \dfrac{CE}{DF} = \dfrac{AE}{AD}$。

这时，方程组中又增加了两个方程，但未知数也增加了两个（AF、AE），仍于事无补。

怎么办？我们继续挖掘新的关系：

这里还有△BCG∽△ACE，△BHD∽△AFD，△BCG∽△BHD，但它们与前面的比例式关系是等价的，并不是新条件。

但是出路必定在挖出新的关系（除非题目的结论本身是错误的）上寻找。

我们应该上哪儿挖呢？

分析三

当我们做一道题目一筹莫展或胜利在望时，"援军"来自没有用上的已知条件，或者是利用不够充分的已知条件。

本题的已知条件无非有两个：CD 是切线；$\odot O_1$ 和 $\odot O_2$ 交于 A、B 两点。

CD 是切线这个条件已经用上了，上面的一大堆比例式都是由它推演出来的，尽管只用了"顺推分析"中圆的思考规律中的（4），但"顺推分析"中圆的思考规律中的（1）、(2)、(3)、(5) 于本题都不适合〔对于（5）来说，只有一条外公切线，用不上"交于一点"这个条件；半径、连心线都未出现，用不上"那个"直角三角形了〕。

这样，我们便应该在 $\odot O_1$ 与 $\odot O_2$ 相交上想办法。

在见到两个圆相交时，我们一想到公共弦，就连接 AB。之后，还是没有进展，那就来分析原因：它在孤军作战，宜使这个条件和切线联合起来携手向结论目标前进。

可是，它们怎么联手呢？

"延长 AB，使它和切线 CD 相交。"她先我一步，脱口而出。

关键的一点，就这样水到渠成，应运而生了。

往下呢，我们仍然按照规律去思考，分别考虑"顺推分析"中圆的思考规律（4）和（2）。

如图 1-44 所示，由（4）可知，看见切线及割线相交，则想"切割线定理及图形中的相似三角形"。

于是写出了

$$CE^2 = BE \cdot AE,$$
$$DE^2 = BE \cdot AE。$$

因而　　$CE = DE$。

由（2）可知，过切点处有弦，则想"弦切角定理"，立即有

$$\angle ECB = \angle CAE。$$

可是，这有什么用呢？

由于目标是 $\dfrac{AC}{BC} = \dfrac{AD}{BD}$，为了向比式 $\dfrac{AC}{BC}$ 靠拢，这时 $\angle ECB = \angle CAE$ 的作用就显现出来了。它的出现可以证明 △AEC∽△CEB，因而 $\dfrac{AC}{BC} = \dfrac{CE}{BE}$。

不言而喻，由对称思想出发，我们又将得到 $\dfrac{AD}{BD}=\dfrac{DE}{BE}$。

而上面由"顺推分析"中圆的思考规律中的（4）出发，已证明 $CE=DE$。

"这样，大功告成了。也只有现在，你才可以说，第一个收获是刚才孙老师给我讲了这道题目的证法，是不是？"我问她。

她笑了，看得出来，这个笑是由衷的，透过心底涌上面庞。

（二）这次讨论留给我们的思考

以上，我不惜篇幅，叙述了我和朋友女儿的这次讨论。

这是因为：一方面，这件事发生在 1999 年 1 月 14 日，我还记忆犹新。

另一方面，我希望说清楚，"要讲出其然，更要讲出其所以然"，特别是其中的一个方面，老师自己的"误走麦城"，对学生来说是宝贵的财富。

我在班里不留书面数学作业，只留一些少量题目让大家思考，但思考一定要"更知其所以然"。我们在数学课堂上讲题，无论是老师还是学生，一定要"讲出其所以然"。

刚入初一时，学生做题时就像我前面写的那样细致，但随着学生们的头脑越来越强大，水平越来越高，表达"其然"也好，表达"其所以然"也好，都要简练很多。而且，知识讲得愈来愈快，愈来愈精练，迫使每个学生快速思考，日复一日，年复一年，他们就习以为常了，这是一个强大的头脑日臻成熟的又一个标志。

学生在做题时追求"所以然"，可以暴露他们掌握的不扎实的知识点，在深入了解其中的道理之后，他们就会对知识掌握得更清楚、更加牢靠。

1985 年的春夏之交，北京市中学生数学爱好者业余学校成立，设有初二、初三、高一、高二 4 个年级。学校招的都是重点中学数学成绩顶好的学生，我在高二年级担任数学教练。

有一次上课，我在黑板上写了一道题目。

【例 1-17】 已知：$n>0$，求证：$n+\dfrac{4}{n^2}\geqslant 3$。

我刚写完题目，学生们就在下面纷纷举起了手，上来做题的学生的证法是：

$$n+\dfrac{4}{n^2}=\dfrac{n}{2}+\dfrac{n}{2}+\dfrac{4}{n^2}\geqslant 3\sqrt[3]{\dfrac{n}{2}\cdot\dfrac{n}{2}\cdot\dfrac{4}{n^2}}=3。$$

完全正确！

这是课本上的一道题目，按照教学进度，学生们在自己的学校里刚刚学过。

这时，我对学生们说，我还有另外一个做法，大家看行不行。

根据平均数不等式，当 $a, b > 0$ 时，
$$a+b \geq 2\sqrt{ab},$$
当且仅当 $a=b$ 时，"="号成立。那么，
$$n+\frac{4}{n^2} \geq 2 \cdot \sqrt{n \cdot \frac{4}{n^2}} = \frac{4}{\sqrt{n}}$$

它的意思是，有一种情况是 $n+\frac{4}{n^2}$ 等于 $\frac{4}{\sqrt{n}}$，在其他情况下，$n+\frac{4}{n^2} > \frac{4}{\sqrt{n}}$。

此时，没有学生表示异议，我继续往下说。

我们来看 $n+\frac{4}{n^2}=\frac{4}{\sqrt{n}}$ 和 $n+\frac{4}{n^2}>\frac{4}{\sqrt{n}}$ 两个式子，那么，当然是等于 $\frac{4}{\sqrt{n}}$ 的 $n+\frac{4}{n^2}$ 要小一些。而此时，$n=\frac{4}{n^2} \Rightarrow n=\sqrt[3]{4}$，得到 $\frac{4}{\sqrt{n}}=\frac{4}{\sqrt{\sqrt[3]{4}}}=\frac{4}{\sqrt[3]{2}}=2\sqrt[3]{4} \approx 3.17$（误差不大于 0.01）。

这时我停顿下来看看大家的反应，发现没有人举手，我继续说下去。

由于 $3.17 \geq 3$ 是成立的，

因此 $\frac{4}{\sqrt{n}} \geq 3$ 成立。

我再次停顿，这时有人举手，我请他回答。

"既然 $\frac{4}{\sqrt{n}} > 3$，$\frac{4}{\sqrt{n}}$ 就不能等于 3 啊！"这位学生站起来说。

其他同学笑了，我解释到：

因为，"≥"是">"或"="的意思。因而，此时"$\frac{4}{\sqrt{n}} \geq 3$"是成立的。证毕。

我讲完后没有人举手，我问他们，"这个证明行吧？"学生们好像初梦方醒，默默地、陆续地、慢慢地，一个接一个地点着头，但仍没有人举手。

很长时间内一直没有人反对我的做法。这时，我说话了：

这个证明不对！

因为按照这个证明，$n+\frac{4}{n^2}$ 的最小值约等于 3.17（误差不大于 0.01），即大于 3.16，但是，当 $n=2$ 时，$n+\frac{4}{n^2}=3$。

那么，错误出在哪里呢？就出在上面画波浪线的那句话上。

> 我打个比方，甲的身高等于丙的身高，乙的身高虽然高于丁的身高，但并不能得出乙的身高高于甲的身高的结论。在标准不同时，我们不能确定"等于的"就小于"高于的"。只有标准统一时，我们才敢确定"等于的"就是最小的。
>
> 因为，$\frac{4}{\sqrt{n}}$ 内含有 n，意味着 $\frac{4}{\sqrt{n}}$ 不是定值，当 $n=\sqrt[3]{4}$ 时，$n+\frac{4}{n^2}=\frac{4}{\sqrt{n}}$；当 $n\neq\sqrt[3]{4}$ 时，$n+\frac{4}{n^2}>\frac{4}{\sqrt{n}}$，但这些 $\frac{4}{\sqrt{n}}$ 的值不一定都大于当 $n=\sqrt[3]{4}$ 时的 $\frac{4}{\sqrt{n}}$ 的值。当 $n=n_0$ 时，$\frac{4}{\sqrt{n_0}}$ 的值小于 $\frac{4}{\sqrt{\sqrt[3]{4}}}$ 的值，$n+\frac{4}{n^2}=\frac{3}{\sqrt[3]{4}}$ 就不一定是最小的值了。

此时，教室中凝结的空气开始解冻了。

> 因此，当我们利用平均数不等式 $a+b\geq 2\sqrt{ab}$ ($a,b>0$) 求和式的最小值时，各因子的积必须为常数，即不等式的右端 $2\sqrt{ab}$ 为常数；对称的，当我们利用平均数不等式求乘积的最大值时，各因子的和必须为常数，即不等式的左端 $a+b$ 应为常数。

学生们听后恍然大悟。教室中凝结的空气完全解冻，如春风拂荡。

当时是 1985 年，把平均数不等式列入中学教材才有几年的时间，老师们对它的处理尚不熟练。随着培训次数的增多，老师们都知道了上面两条求最大（小）值的原则，讲课时也都向学生们介绍了这种方法。但类似上面出现的情况，在我以后的教学中还是屡屡出现。

其根源在于，对这两条原则只"讲出了其然，没讲出其所以然"，所以才发生了"空气凝结"的现象。

上面是这道题目的前一半内容，后一半内容呢？我继续出题：

> 鉴于利用 $a+b\geq 2\sqrt{ab}$ ($a,b>0$)，当 $n>0$ 时，
> $$n+\frac{4}{n^2}\geq 2\cdot\sqrt{n\cdot\frac{4}{n^2}}=\frac{4}{\sqrt{n}},$$
> 它的右端不是常数。为了使右端是常数，我们应当分析它不是常数的原因在于，$n\cdot\frac{4}{n^2}$ 分子上 n 的力量单薄，只有一个 n。那么办法有了，即把 n 拆成 $\frac{n}{2}+\frac{n}{2}$，这样 $\frac{n}{2}\cdot\frac{n}{2}\cdot\frac{4}{n^2}$ 就成为常数，然后利用 3 个数的平均数不等式 $a+b+c\geq 3\sqrt[3]{abc}$ ($a,b,c>0$) 来证明。
>
> 当 $n>0$ 时，
> $$n+\frac{4}{n^2}=\frac{n}{2}+\frac{n}{2}+\frac{4}{n^2}\geq 3\sqrt[3]{\frac{n}{2}\cdot\frac{n}{2}\cdot\frac{4}{n^2}}=3.$$

问题圆满地解决了。但对于这道题目的课程仍未结束。为什么呢？

我们知道，在利用平均数不等式求和式的最小值时，必须使各加数的积为常数，考虑到为了和分母上的 n^2 抵消，需要把分子上的 n 变为两个。因而，将 n 凑成 $n=\dfrac{n}{2}+\dfrac{n}{2}$。如果为了满足这个需要，那么我们可以让 $n=\dfrac{n}{3}+\dfrac{2n}{3}$，$n=\dfrac{n}{4}+\dfrac{3n}{4}$，$n=\dfrac{2n}{7}+\dfrac{5n}{7}$……其实这样做是有问题的，原因有以下两个方面：

一方面，这样处理，达不到证明欲证式的目的，因为，

$$n+\dfrac{4}{n^2}=\dfrac{n}{3}+\dfrac{2n}{3}+\dfrac{4}{n^2}\geqslant 3\sqrt[3]{\dfrac{n}{3}\cdot\dfrac{2n}{3}\cdot\dfrac{4}{n^2}}=2\sqrt[3]{3}<3,$$

$$n+\dfrac{4}{n^2}=\dfrac{n}{4}+\dfrac{3n}{4}+\dfrac{4}{n^2}\geqslant 3\sqrt[3]{\dfrac{n}{4}\cdot\dfrac{3n}{4}\cdot\dfrac{4}{n^2}}=\dfrac{3}{2}\sqrt[3]{6}<3,$$

……

另一方面，当 $n>0$ 时，由于 $\dfrac{n}{3}$ 和 $\dfrac{2n}{3}$ 不可能相等，因此上述不等式中的"＝"号不能成立，用来求最小值是不行的。如果"＝"号不成立，那么 $2\sqrt[3]{3}$、$\dfrac{3}{2}\sqrt[3]{6}$ 等值也是取不到的。

这时，再回头来看刚刚写过的两条利用平均数不等式求最大（小）值的原则，才算真正理解了它的必要性，才算是真正掌握了它，这道题也才算做透了。

第七节 从初一年级开始，就提倡和指导学生开展问题研究，练习写论文

在数学上，进行问题研究，有两个方面的含义。

一、数学的应用

应用的广泛性，是数学的三大特征之一。数学的全部分支，都是既从它们自身的起源方面，也从实际应用方面与生活联系着的。

数学生命力的源泉在于，尽管它的概念和结论极为抽象，但它都是从现实中来的，并且在科学技术领域和生活实践中有着广泛的应用。如果没有数学，那么现代技术也不可能实现；反过来，生活和科学技术的发展，又推动数学向更深、更广的领域发展。它们向数学提出新的问题，推进数学向这个方向或那个方向发展，提供检证结论和证明的标准。

这种意义下的应用是在中学生中开展"数学建模"的活动，这就如同为了培养未来的赛车手而进行的卡丁车练习，都是非常有意义的。

接下来，我要说的是另一种意义下的问题研究。

二、学生们运用自己已经掌握的数学知识，解决超出习题范围或超出课本范围的数学问题

下面举三个实例来说明。第一个实例的内容是前人已经发现和解决过的；第二个实例的内容是尚未有人发现和解决过的；第三个实例的内容甚至还没有人考虑过。

（一）第一个实例：数学上已成定论的问题

在 20 世纪 90 年代以前的初一代数课本中，有多项式除以多项式的竖式除法内容，其实这部分内容完全不会给学生增加负担，它是小学算术中竖式除法的延伸。学生在将其与算术的竖式除法进行对比，寻求联系与区别的过程中，不但可以轻而易举地将它拿下，而且能体会一次知识之间相互关联的系统思想。

在掌握了多项式除以多项式的竖式除法的方法以后，初一年级的学生就可以进行下面的问题研究：

【例 1-18】两个数同次幂之和（差），是否能被这两个数之和（差）整除？即

(1) a^n+b^n 能否被 $a+b$ 整除（n 是自然数）；

(2) a^n-b^n 能否被 $a-b$ 整除（n 是自然数）。

对于（1）：

分　析

第 1 步，n 是几？

n 是抽象的数，我们无从下手。那么，我们不妨设个数试试，从最简单的情况设起。

当 $n=1$ 时，$a^n+b^n=a+b$，当然能被 $a+b$ 整除。

当 $n=2$ 时，

$$\begin{array}{r} a-b \\ a+b\overline{\smash{)}a^2+0a+b^2} \\ \underline{a^2+ab} \\ -ab+b^2 \\ \underline{-ab-b^2} \\ +2b^2 \end{array}$$

第 $n-1$ 余式

得，商式 $=a-b$，余式 $=+2b^2$，即 a^2+b^2 不能被 $a+b$ 整除。

当 $n=3$ 时，

$$\begin{array}{r} a^2-ab+b^2 \\ a+b\overline{\smash{)}a^3+0a^2+0a+b^3} \\ \underline{a^3+a^2b} \\ -a^2b+0a \\ \underline{-a^2b-ab^2} \\ +ab^2+b^3 \\ \underline{+ab^2+b^3} \\ 0 \end{array}$$

第 $n-1$ 余式

得，$(a^3+b^3) \div (a+b) = a^2-ab+b^2$，即 a^3+b^3 能被 $a+b$ 整除。

当 $n=4$ 时，

$$a+b \overline{\smash{\big)}\begin{array}{l} a^3-a^2b+ab^2-b^3 \\ a^4+0a^3+0a^2+0a+b^4 \end{array}}$$

$$\begin{array}{r} a^4+a^3b \\ \hline -a^3b+0a^2 \\ -a^3b-a^2b^2 \\ \hline a^2b^2+0a \\ a^2b^2+ab^3 \\ \hline -ab^3+b^4 \\ -ab^3-b^4 \\ \hline +2b^4 \end{array}$$

第 $n-1$ 余式

得，商式 $=a^3-a^2b+ab^2-b^3$，余式 $=+2b^4$，即 a^4+b^4 不能被 $a+b$ 整除。

往下，应暂停试验。

因为，n 代表自然数，有无数个，如果靠枚举试验，是无休无止的。

每次试验得到的结果不是目的，我们的目的是从中发现规律。于是，我们有了下面的步骤：

第 2 步，从刚才的试验中，来寻找规律。

明显地：

① 当 n 为奇数 1，3 时，a^n+b^n 能被 $a+b$ 整除；

② 当 n 为偶数 2，4 时，a^n+b^n 不能被 $a+b$ 整除。

第 3 步，分析原因。

我们观察上面几个竖式发现，能不能实现整除关键是在最后一步，即从被除式落下来的 b^n，是否和商的最后一项 b^{n-1} 与除式第二项 b 相乘后得到的 b^n 同号。

也就是说，商式的最后一项与除式第二项 b 相乘得到的 b^n 这一项的符号若为"＋"，那么，被除式落下来的 b^n 减去它时，得到的差为零，最后余式为零，实现整除。

如果商式的最后一项与除式第二项 b 相乘得到的 b^n 这一项的符号为"－"（即得到 $-b^n$），那么，被除式落下来的 b^n 减去它时，差为 $+2b^n$，最后余式为 $+2b^n$，不能实现整除。

那么，导致出现这两种情况的原因又在哪里呢？

我们从下而上，顺势挖掘后发现，关键是第 $n-1$ 余式的第一项（加着重号的那一项）ab^{n-1} 的符号是什么。

如果第 $n-1$ 余式的第一项 ab^{n-1} 的符号是"＋"，那么除得的商式的最后一项为 $+b^{n-1}$，导致它与除式的 b 相乘后得到 $+b^n$，实现整除。

如果第 $n-1$ 余式的第一项 ab^{n-1} 的符号是"－"，那么，除得的商式的最后一项为 $-b^{n-1}$，导致它与除式的 b 相乘后得到 $-b^n$，不能实现整除。

这样，问题就归结到，第 $n-1$ 余式的第一项 ab^{n-1} 的符号又是由谁决定的呢？

火借风势，我们再往上找。

由于除式的第二项是 $+b$，所以上述第 $n-1$ 余式的第一项 ab^{n-1} 的符号是由商式的倒数第二项的符号决定的。当商式的倒数第二项符号为"$-$"时，使得第 $n-1$ 余式的第一项 ab^{n-1} 的符号为"$+$"，实现整除；而当商式倒数第二项的符号为"$+$"时，使得第 $n-1$ 余式的第一项 ab^{n-1} 的符号为"$-$"，不能实现整除。

而商式倒数第二项的符号，又是怎么决定的呢？

在累次"试商""乘以除式""相减得余式"的过程中，我们可以证明，商式是一个 $n-1$ 次的 n 项齐次多项式。它的第一项 a^{n-1} 的符号为"$+$"，往下"$+$""$-$"相间。

证　明

$$
\begin{array}{r}
a^{n-1}-a^{n-2}b+a^{n-3}b^2-\cdots \\
a+b \overline{\smash{\big)}\,a^n+0a^{n-1}+0a^{n-2}+0a^{n-3}+\cdots} \\
\underline{a^n+a^{n-1}b\phantom{+0a^{n-2}+0a^{n-3}+\cdots}} \\
-a^{n-1}b+0a^{n-2}\phantom{+0a^{n-3}+\cdots} \\
\underline{-a^{n-1}b-a^{n-2}b^2\phantom{+0a^{n-3}+\cdots}} \\
+a^{n-2}b^2+0a^{n-3} \\
\vdots
\end{array}
$$

第一余式

第二余式

由于 $a^n \div a = a^{n-1}$，所以试商后，商式的第一项为 $+a^{n-1}$。由于 $a^{n-1} \cdot b$ 得 $a^{n-1}b$，所以 $0a^{n-1}$ 减去它之后，得到的第一余式前项为 $-a^{n-1}b$。当再用除式第一项 a 去除它试商时，得商式第二项为 $-a^{n-2}b$，那么用它和除式第二项 b 相乘后，得到 $-a^{n-2}b^2$，再用 $0a^{n-2}$ 减去它后，得到第二余式前项为 $+a^{n-2}b^2$。这样，再试商时，从符号上，将重复前两次试商的过程，而循环往复下去，形成的商式的符号规律是

$$\underbrace{+a^{n-1}-a^{n-2}b+a^{n-3}b^2-a^{n-4}b^3+\cdots+(-1)^{n-1}b^{n-1}}_{\text{共}n\text{项}}$$

当 n 为奇数时，商式倒数第二项为 $-ab^{n-2}$，最后一项为 $+b^{n-1}$，那么

$$
\begin{array}{r}
a^{n-1}-\cdots-ab^{n-2}+b^{n-1} \\
a+b \overline{\smash{\big)}\,a^n+0a^{n-1}+\cdots+0a+b^n} \\
\underline{a^n+a^{n-1}b} \\
\vdots \\
-a^2b^{n-2}+0a \\
\underline{-a^2b^{n-2}-ab^{n-1}} \\
+ab^{n-1}+b^n \\
\underline{+ab^{n-1}+b^n} \\
0
\end{array}
$$

第 $n-2$ 余式

第 $n-1$ 余式

实现整除。

当 n 为偶数时，商式倒数第二项为 $+ab^{n-2}$，最后一项为 $-b^{n-1}$，那么

$$\begin{array}{r}a^{n-1}-\cdots\quad+ab^{n-2}-b^{n-1}\\a+b\overline{)a^n+0a^{n-1}+\cdots\quad+0a\quad+b^n}\\a^n+a^{n-1}b\phantom{+0a^{n-1}+\cdots+0a+b^n)}\\\vdots\\+a^2b^{n-2}+0a\\+a^2b^{n-2}+ab^{n-1}\\\overline{-ab^{n-1}+b^n}\\-ab^{n-1}-b^n\\\overline{+2b^n}\end{array}$$

第 $n-2$ 余式

第 $n-1$ 余式

不能实现整除。

证毕。

对于（2）：

证 明

由于我们前面对竖式除法的符号规律已经有了深入的了解，已经不再需要从设数开始来做列举试验了。

由于 a^n-b^n 除以的是 $a-b$，这使得商式的每一项的符号都为"+"，那么商式最后一项为 $+b^{n-1}$，它与除式第二项 $-b$ 相乘后，得到 $-b^n$，第 $n-1$ 余式的第二项 $-b^n$ 减去它后，得 0，即最后的余式（第 n 余式）为 0 实现整除。

$$\begin{array}{r}a^{n-1}+a^{n-2}b+a^{n-3}b^2+\cdots\quad+ab^{n-2}+b^{n-1}\\a-b\overline{)a^n+0a^{n-1}+0a^{n-2}+0a^{n-3}+\cdots\quad+0a\quad-b^n}\\a^n-a^{n-1}b\\\overline{+a^{n-1}b+0a^{n-2}}\\+a^{n-1}b-a^{n-2}b^2\\\overline{+a^{n-2}b^2+0a^{n-3}}\\+a^{n-2}b^2-a^{n-3}b^3\\\vdots\\+a^2b^{n-2}+0a\\+a^2b^{n-2}-ab^{n-1}\\\overline{+ab^{n-1}-b^n}\\+ab^{n-1}-b^n\\\overline{0}\end{array}$$

第 $n-2$ 余式

第 $n-1$ 余式

第 n 余式

证毕。

问题研究，至此圆满完成。

这道例题，在数学上，是已经定论的问题。对于初一学生来说，它是在课本及大纲之外的"高难度"问题。但我们从上面可以看到，整个研究，除了应用课本上的多项式除法的竖式方法（它只不过是小学竖式除法知识的略加延伸）之外，不需要任何其他知识，就圆满完成了。

更重要的是，一名初一的学生，在这个研究问题中，得到了什么？

(1) 把抽象问题具体化的思考方法（见上面分析的第1步）；

(2) 从特殊到一般的研究方法（见上面分析的第1步→第2步）；

(3) 养成寻找规律的习惯（仍见上面分析的第2步）；

(4) 培养深入的观察能力，尽快深入本质，抓关键（见上面分析的第3步）；

(5) 培养思维的条理能力（见上面分析的第3步）；

(6) 善于运用已经得到的结论［见题目（2）的解决方式］。

仅就以上几点，它对于提高一个学生的能力和培养其正确的思想方法，是何等的重要！

（二）第二个实例：孙兴所研究的课题，是还不曾有人发现的

下面这篇论文，曾在1993年北京市中学生论文比赛中获奖，论文如下：

我的发现：用"平面几何"的相交弦定理证明高中代数中的"平均数不等式"，并引申它的结论。

北京市第二十二中学　初二（1）　　　　孙兴

1. 一堂课上及课下发生的事

在上个月一堂平面几何课上，我们学习了相交弦定理（我们班进度快，现在即将讲完初中全部代数、几何，并且学过了某些高中数学内容，如充分必要条件、平均数不等式等）："过⊙O内的一点P的各条弦，被点P所分成的两部分的乘积相等。"当然，这个乘积等于过点P的直径AB被P分成的两部分（AP，BP）的乘积，如图1-48所示。

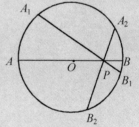

图1-48

于是，在定圆⊙O内，这个乘积就成为点P的位置的一个性质了。

老师问："点P在什么位置时，这个乘积最大？"

"当点P和圆心重合时。"全班众口一致地回答。

"为什么呢？"老师又问。

班上大多数同学都回答说：当AP通过圆心时，由于AP与BP的和$2R$（R是⊙O的半径）是定值，根据平均数不等式$ab \leqslant \left(\dfrac{a+b}{2}\right)^2$，当且仅当$AP$与$BP$相等时，乘积最大。

老师表扬了回答正确的同学,不点名地批评了我。因为我没有举手表示自己也这样想。

那么,当时我是怎么想的呢?

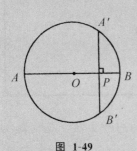

图 1-49

我过点 P 作了弦 $A'B'$ 的垂直直径 AB,如图 1-49 所示。由垂径定理可知,$B'P$ 是弦 $A'B'$ 的一半,于是 $AP \cdot BP = B'P^2$。当点 P 和圆心重合时,$B'P$ 为半径,是圆内最大的弦(直径)的一半。因此,此时 OB' 大于一切不是半径的 $B'P$ 了。因此,$AP \cdot BP$ 的最大值是 R^2。这时,$AP = BP = \dfrac{AP+BP}{2}$,并且,唯有这时,$AP \cdot BP$ 才最大(乘积为 R)。

课后,老师听完我以上的说明后,表扬了我。

这时,老师问我:"既然你和别的同学能用两种不同的知识解释同一个数学现象,那么你应该有进一步的发现,是不是?"

听了老师的这番话,我写出了下面的见解。

2. 用"相交弦定理"证明"平均数不等式"

平均数不等式内容如下:

当 $a,b>0$ 时,$\dfrac{a+b}{2} \geqslant \sqrt{ab}$,当且仅当 $a=b$ 时,"="号成立。

在高中代数里,这个公式是由 $(a-b)^2 \geqslant 0$ 出发,用代数方法证明的。

下面,我用平面几何相交弦定理来证明它。

证法一

(1) 当 $a \neq b$ 时,以 $AB=a+b$ 为直径作 $\odot O$,如图 1-50 所示。

并且使 $AP=a$,$BP=b$。作弦 $C_1D_1 \perp AB$ 于点 P,作直径 $CD \perp AB$ 于点 O,根据垂径定理和相交弦定理,可知,

$$ab = D_1P^2 < OD^2 = \left(\dfrac{AB}{2}\right)^2 = \left(\dfrac{a+b}{2}\right)^2。$$

因为 $a,b>0$,故 $\sqrt{ab} < \dfrac{a+b}{2}$,即 $\dfrac{a+b}{2} > \sqrt{ab}$。

(2) 当 $a=b$ 时,这时,点 P 与圆心 O 重合,与(1)同理,有

$$ab = OD^2 = \left(\dfrac{AB}{2}\right)^2 = \left(\dfrac{a+b}{2}\right)^2。$$

得到 $\dfrac{a+b}{2} = \sqrt{ab}$ (因为 $a,b>0$)。

综合(1)和(2),公式证毕。

证法二

(1) 当 $a \neq b$ 时,记 $d = OP = \dfrac{|AB - BP|}{2} \neq 0$,如图 1-51 所示。

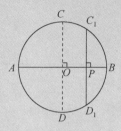

图 1-50

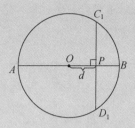

图 1-51

由 $ab = AP \cdot BP$

$= (R+d)(R-d)$

$= R^2 - d^2$

$< R^2 = \left(\dfrac{a+b}{2}\right)^2$,

得到 $\sqrt{ab} < \dfrac{a+b}{2}$ (因为 $a, b > 0$)。

(2) 当 $a = b$ 时,点 P 和圆心 O 重合,

由 $ab = AO \cdot BO = R^2 = \left(\dfrac{a+b}{2}\right)^2$,

得到 $\sqrt{ab} = \dfrac{a+b}{2}$ (因为 $a, b > 0$)。

综合 (1) 和 (2),公式证毕。

3. 对平均数不等式的两个引申

在高中代数中,用 $(a-b)^2 \geq 0$,推导出的平均数不等式是:

仅当 $a = b$ 时,$\dfrac{a+b}{2} = \sqrt{ab}$,

当 $a \neq b$ 时,$\dfrac{a+b}{2} > \sqrt{ab}$。

但平均数不等式中并没有指出,当 $a \neq b$ 时,对于"和为定值"的一组 a 和 b 的值,它们各自的 $\sqrt{ab}$ 与 $\dfrac{a+b}{2}$ 的差额大小是否相同。若相同,为什么?若不相同,由谁决定?

而且平均数不等式中也没有指出,对于"和为定值"的全部 a、b 的取值,是否使 $\sqrt{ab}$ 布满了从 0(不包括 0)到 $\dfrac{a+b}{2}$ 的整段数轴。

而用上面我对于平均数不等式的两个证明，却不难解决这两个问题。

(1) 第一个引申

> **引申**：对于任何一组"和为定值"的正数 a 和 b，$\sqrt{ab}$ 与 $\dfrac{a+b}{2}$ 的差额随 $|a-b|$ 的减小而减小。

当 $|a-b|$ 减小时，即 a 和 b 的差额减小时，$a \cdot b$ 的值增大，直至 $a-b=0$。即当 $a=b$ 时，$a \cdot b$ 的值最大，为 $\left(\dfrac{a+b}{2}\right)^2$。

又因为 $a,b>0$，所以当 $|a-b|$ 减小时，$\sqrt{ab}$ 的值也增大，直至 $a-b=0$ 时，$\sqrt{ab}$ 的值最大，为 $\dfrac{a+b}{2}$。

也就是说，对于"和为定值"的一组 a,b 的值，$\sqrt{ab}$ 和 $\dfrac{a+b}{2}$ 的差额不是固定的，而是随着 a 和 b 之间差额的减小而减小。

证法一

对于"和为定值 $2R$"的一组 a 和 b 的值，在图 1-51 中：

当 $|a-b|$ 变小时，点 P 向圆心 O 运动，半弦 D_1P 增大，于是 $a \cdot b = D_1P^2$ 增大。又因为 $a,b>0$，所以 $a \cdot b$ 增大 $\Rightarrow \sqrt{a \cdot b}$ 增大。而 $\sqrt{ab}$ 的最大值是定值 $\dfrac{a+b}{2}$，故 $\sqrt{ab}$ 与 $\dfrac{a+b}{2}$ 的差额在减小。

证法二

对于"和为定值 $2R$"的一组 a 和 b 的值，在图 1-51 中，$|a-b| = |(R+d)-(R-d)| = 2d$。

当 $|a-b|$ 减小时，$2d$ 减小 $\Rightarrow d$ 减小 $\Rightarrow a \cdot b = (R+d)(R-d) = R^2 - d^2$ 增大。直到 $a=b$ 时，$2d=0 \Rightarrow d=0$。

那么，$ab = R^2 - d^2 = R^2$ 最大。

也就是说，随着 $|a-b|$ 的减小，ab 与 R^2 即 $\left(\dfrac{a+b}{2}\right)^2$ 的差额也减小，又因为 $a,b>0$，所以 $\sqrt{ab}$ 与 $R = \dfrac{a+b}{2}$ 的差额减小。

(2) 第二个引申

引申："和为定值"时的全部各组 a 和 b 的取值，使 $\sqrt{ab}$ 布满了从 0（不包括 0）到（包括等于）$\dfrac{a+b}{2}$ 的整段数轴。

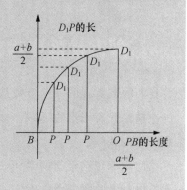

图 1-52

证 明

在图 1-50 中，$D_1P = \sqrt{ab}$，而 D_1P 的值布满从 0 到 $\dfrac{a+b}{2}$（$\dfrac{a+b}{2}$ 是半径 R 的长度）的每个实数值（当点 P 从点 B 移向圆心 O 的过程中），如图 1-52 所示。

也就是说，$\sqrt{ab}$ 布满了从 0 到 $\dfrac{a+b}{2}$ 的整段数轴。

用平面几何证明平均数不等式，并对平均数不等式提出两个引申，当时我不但在高中课本上没有看到，而且在其他读物上也没有看到。本文提出了两个证法，构思都比较巧妙。两个引申，特别是第二个引申，用来解决某些问题，是有一定价值的。

孙兴是我的儿子，也在我们班，上初一时他的学习成绩不太好。后来得到语文李锦文和英语韩春英等老师的帮助和鼓励。上初二后，他的学习成绩有了进步。1997年高考时，孙兴在北京大学数学科学学院通过高考所录取的北京考生中排名第二。这篇论文的成功，对孙兴后来的志愿和学习上的进步，起到了增强信心和鼓舞的作用。

(三) 第三个实例：彭壮壮的获奖论文

近十几年来，我的三轮教育教学实验班的学生，在刊物上公开发表或获奖的文章有30篇左右。其中最突出的，是彭壮壮同学。这是我要举的第三个实例，彭壮壮所研究的，是当时还未曾有人考虑过的很高层次的课题。

彭壮壮是我第二轮教育教学实验班的学生，他的祖父是彭咏梧，祖母是江竹筠（江姐）烈士。

1990年年底，彭壮壮去美国探亲。1992年2月，他以一篇数学论文 ON SOLVING FRACTIONS REPRESENTED BY P-ADIC- INTEGERS 及三轮答辩，一举获得美国西屋科学奖。彭壮壮获奖这件事轰动了美国，美国有十几家报刊发布消息并刊登照片。我国《参考消息》《科技日报》等媒体也做过报道。随后，哈佛大学、斯坦福大学、普林斯顿大学、麻省理工学院都邀请他入学，他最终选择了哈佛大学。彭壮壮是当时唯一获此奖项的中国学生。

醉翁之意不在酒，中学生特别是初中就开始进行问题研究、练习写论文，他们的收获并不是成果本身，更不是获奖，而是它对学生水平发展、解决实际问题的能力、创新精神和创新能力起到的推动作用。

第八节　我们极其重视的一件事情

我们极其重视的一件事情是：中学生一定要有充足的睡眠。

中学生只有充足的睡眠，才能保证身体的正常发育，才能为学科学习提供充沛的精力和清醒的头脑。

我们班（在这里指的是第三轮教育教学实验班）的学生，在中学的六年时间里，大多数学生每天睡眠九个小时左右。一些学习成绩优秀的学生，每天睡眠都在九个小时以上。个别睡眠少的学生，睡眠时间也在八个小时以上。

做到这一点的关键是：**学生白天抓紧时间学习，提高时间利用率；老师留作业一定要少！**

两者缺一不可，我在帮助学生们制定时间安排时，细到晚饭几点吃，都会和家长明确下来。同时，这六年中，我没留过书面家庭作业，从未收过作业，这就给学生们很大的自由度。而教我们班的各科教师，都从爱护学生的角度出发，少留甚至不留家庭作业。

以上，我所介绍的，是在发展学生智力素质，造就一个强大的头脑的过程中，我们的主要做法。说"我们的"，是因为那既是我的教学方法，也是学生们的学习方法。

第二章 始终如一抓德育的实效

第一节 话说"基础和归宿"

20 世纪 80 年代初,在第一轮教育教学实验班的家长会上,我提出"德育是智育的基础和归宿"。当时,我并没有仔细推敲这句话在逻辑上的合理性。

其实,当时我主要是想强调,对一名学生来说,思想品德是第一位,也是至关重要的。因此,德育在我的工作中居于首位。但我们不能孤立地来抓德育,更不能走形式,而是要抓出实效。

我的想法中包含以下三层意思:

一、德育是智育的基础

(一)高水平的德育工作,可以使学生有明确的人生方向,产生学习的动力

如果学生的人生目标愈远大,那么学习的动力就愈强大。

近些年来,人们的价值观念与社会道德观念之间纷争不休,给学校教师的工作带来一些影响。有的教师常常只从考上好的高中、好的大学的角度出发,来鼓励和鞭策学生努力学习。他们认为,学生考上好的高中是为了考上好的大学,考上好的大学是为了找到好的工作。

可是,学生找到好的工作,又是为了什么呢?

或许有人会说,考上好的大学是为了多挣钱,有一个舒适的工作环境。

但是,我不赞成这样的"劝学"。

一方面,学生努力学习是为了个人多挣钱、图轻松,这个目标太渺小了;另一方面,这样的动力也很脆弱,社会上很多文化水平不高的人也能挣大钱。

因此,高水平的德育,不仅使学生树立远大理想,也为其智育素质的才能发展提供源源不断可靠的动力。

(二)高水平的德育工作,可以保障良好的学习秩序和环境

学校教学的主要形式是课堂教学。1962 年 9 月,我来到二十二中当了一名教师。当了一个月教师以后,我最大的体会是:如果让我再回到中学时代,那么我上课一定一句话也不说,一定规规矩矩地遵守课堂纪律,不妨碍同学们听讲,不影响教师讲课。

其实,上中学时,我们班有不少这样自律性高的同学,而我与他们之间是有差距的。现在回想起来,我深深地佩服他们能为他人着想的行为。

只有班里的每个学生都能为他人着想,教室里安安静静,课堂教学和自习课的 45 分钟才不会被浪费。

二、德育是智育的归宿

我对"德育是智育的归宿"这句话的理解是:学生只有在掌握了知识,增长了才干

之后，将来才能更多、更好地为人民做贡献。如果学生利用自己的学识，作为向人民讨价还价的"资本"，只顾自己不管他人，甚至做出危害社会的行为，哪怕智育再"成功"，也是毫无价值的。我们抓德育，是为了培养全心全意为人民服务的优秀人才。

三、德育和智育，是一个统一的有机体，是一个整体的两个侧面

首先，德育和智育是互相制约的，我们无论抓哪一项都要花费大量的时间和精力。

其次，德育和智育又是互相促进、相辅相成的。随着学生知识的丰富，他们更易于了解社会和确定人生的正确方向。如果学生具有高尚的境界和超凡的修养，那么他的决心和毅力也是非凡的。这样，他在学习道路上遇到的困难，就不会使他气馁。

因此，在德育和智育中，德育的权重更大，我们绝不可轻视。在学历教育阶段尤其如此。

因此，在建班伊始，我就和家长们达成共识，即从学校到家庭，整个六年我们都要把实实在在地抓德育放在第一位，始终如一。

一位家长曾对采访他的媒体说："孙老师开家长会，都是把学生们的学习成绩写在后面的小黑板上，而把学生们的品德表现写在讲台的大黑板上，并用一大半的开会时间来讲学生们的德育情况。"

还有一位《中国青年报》的记者听过我们班开学的第一堂数学课，她在采访中写道：

这堂课孙老师给这些 12 岁的孩子们留了这样的"家庭作业"：

（1）回家后对爸爸妈妈说，从今天起，咱们家倒垃圾的事情，请你们不要管了，全归我。

（2）回家后对爸爸妈妈说，今后，我吃饭用的碗筷，我自己涮洗。

……

无论学生们做什么事，我们第一看重的都是让他们在心灵上迸发出美丽的火花，进而洗涤心灵上的污垢。

第二节　通过班集体进行教育

我参加工作第三个月，北京市第二十七中学的一位班主任告诉我一些教学经验。其中，有一条原则是"通过班集体进行教育"。

20 世纪 90 年代，对于班主任的工作来说，这条原则显得很重要。

改革开放以后，我们国家的发展是惊人的。但是窗户打开，也难免会飞进一些苍蝇。社会现象对人们思想的影响比较复杂，有积极的社会现象，也有消极的社会现象，它们对辨别是非能力较差的青少年影响较大。在这种情况下，**最强有力的教育方式是通过班集体进行教育的**。

一、为什么这么说

我们可以站在另外的角度来说明这个道理。

有些社会现象，例如，穿名牌衣服和鞋子，留长发等，之所以能在学生中成为潮流，一个重要的原因是，他周围的很多人都是这样的。而效仿者不愿多想这样做有没有价值，应不应该，而是"别人都这样"，那我也就随大流吧！

1954 年我初中毕业，当时一些同学没有继续上高中，而是考进了海军学校。开学后，我们这些上了高中的学生，中午一放学就蜂拥而至传达室，争着看有没有海军学校的同学给自己寄来的信。拿到信的学生，满脸喜气洋洋；拿不到信的学生，特别是从来没有收到海军学校来信的人就觉得自己矮人一截。因此，有的学生想尽办法找别人要一个海军学校的学生通信地址，给对方寄完信后，就天天盼着回信。终于等到对方回信的那天，接到信的学生激动得要跳起来了……

这就是，"别人都这样"的力量。

那么，如果在一个班上，周围的人"都是这样做的"，都在表现一种进步、正派的精神，在做进步、正派的事情，在为远大的理想做着不屈不挠的努力，那么这种优良的风气会产生十分巨大的力量！

因此，我们要通过班集体进行教育，致力建设一个好的班集体。

二、怎样建设一个好的班集体

如果一个人没有目标，那么他的生活将百无聊赖。一个班集体更是这样，要让它焕发勃勃生机，首先我们要统一一个正确的目标，一个团结大家为之奋斗的理想和追求。

每轮建设班集体（以下简称"建班"），我都要用一个月的时间，和学生、家长一起反复讨论，确定一个深入人心的建班方针。

我们的建班方针共有八条。

第一条是我们的目标：**德、智、体全面发展**。

在德育的实践方面，我们提出：

（1）做诚实、正派、正直的人。

（2）树立远大理想和宏伟抱负。

我们的远大理想和宏伟抱负，不是上大学。诚然，对于我们班的学生来说，大学是一定要上的，而且要上第一流的大学，但上大学的目的又是什么呢？即我们的抱负是：将来为人民多做贡献。

（3）做有丰富感情的人，要因为自己来到这个世界上，而使别人生活得更幸福。

在教学上发展智力素质，我们提出：造就学生一个强大的头脑，把不聪明的学生变聪明，让聪明的学生更加聪明。

在身体素质方面，我们提出：

（1）人人身体强壮。

（2）运动会上要拿团体总分第一。

第一条以后的建班方针，主要是实现目标的一些重要做法。

例如，第二条是：**神圣的课堂永远安静，明亮的教室永远干净。**

……

确定一个正确的建班方针很重要。但是，比确定一个正确的建班方针更重要的是，我们要坚定不移地实行它。

如何能使我们的建班方针确定的目标得以实现呢？如何使我们的建班方针不变成一纸空文呢？我将在第三节具体介绍。

第三节　建班方针落实的关键——班主任的行为是无声的命令

电影《带兵的人》中，有这样一个情景，连长语重心长地对气哼哼的班长说："这浇菜要浇根，这教人要教心。"

教师怎样才能教到学生心上呢？关键是班主任的言行和对孩子们的真诚度。

一、班主任要以身作则

我记得小的时候看过一部电影，场景是这样的：

下午的语文课上，语文教师在讲《劳动最光荣》这篇文章，她带领学生们齐声朗读课文。

课后，除了小明，其他学生都观看演出了。因为小明在上课时违犯了课堂纪律，所以语文教师罚他打扫教室。

这时，银幕上出现了下面的镜头：

● 偌大的教室里，小明一笤帚一笤帚地扫地；

● 天渐渐黑下来，小明脸上流淌的汗水把脸上的污垢冲成了"地图"；

● 特写黑板上洋洋洒洒的板书"劳动最光荣"；

● 小明趴在桌上哭。

因为电影中的这个场景没有对话，也没有旁白，所以弄不清楚小明的哭是悔恨还是委屈，但可以肯定的是，小明接受了"劳动最光荣"的教育。

1951年，我上小学六年级，当时的政治课本是一本厚厚的故事书，其中有一篇名为《战斗英雄吕顺保的故事》的文章。文章中有这样一段，大意是：

一天部队来到一个村里，正值春耕季节，战士们立刻放下背包和枪帮老乡干活。老乡往地里送粪，有的战士怕脏，就躲到一边；有的战士想帮忙，但没铲粪的铁锹。

一时间，大家都愣在了那里。这时，班长吕顺保走了过来，问清楚原因后他把袖子一挽，张开两只大手说："这不就是铁锹吗？"

说完他就弯下身去，把两只手插进粪堆，一捧一捧地往筐里装起来……

周围的战士霎时怔住了，但很快一场你追我赶的送粪竞赛，就热火朝天地展开了。

从小到大，我读过不少这样的故事，每回心头都热腾腾的，它们对我影响很深——我一定不做口是心非的班主任！

（一）身教胜于言教

如果要求学生做到的事情，班主任首先做到了，那么学生就信服他并愿意模仿他，这就是身教胜于言教。

以前，我差不多每天下午放学后，都会和值日小组的学生一起打扫教室。近十多年来，特别是教我们班以后，我外出开会等社会工作比较多，不能做到每天下午放学前回到学校，我就力争早晨7点多赶到学校，和学生们一起扫地、擦桌子、拖地。大扫除时，我就到厕所的水池子中把墩布拧干给学生用。为了使教室更干净一些，我们班用班费买了10个墩布。当然，后来拧墩布的活我也干不了了，因为学生们都来抢这个活，不让我干。

（二）敢于向学生认错

我若做错了事，哪怕心里错怪了谁，一定会在讲台上承认自己的错误，向被错怪了的学生道歉。

1998年9月的一天，新华社的一位记者请我们班的十多位家长开座谈会，桑丽芸同学的妈妈讲了这样一件事：

> 有一次班上的一项工作没有做到位，孙老师在班上批评了两个女生班长——刘婷和桑丽芸，刘婷被说哭了。事后，孙老师经过进一步的了解，发现错怪了她们。于是，在一次家长会上，当着全班40名同学和近80位家长的面，孙老师诚恳地承认了自己的错误，并从讲台上走下来，向刘婷和桑丽芸鞠躬并赔礼道歉。

我已经记不清这件事了。

一方面，这可能是很多年以前的事；另一方面，我若做错了事，则一定会向学生们认错，在我，这是常有的事。因为我是一个平常人，所以做错事是经常发生的。

1993年1月的一天早晨，在上班的路上，我看见一位小贩正在用自行车驮着好几个大纸盒。当时，他正吃力地一手把着车把，一手托着货物。

因为上班快迟到了，我就从他身边骑过去了。我心里很不安，我知道他现在很需要帮助。这时，我想起和学生们的约定：要因为自己来到这个世界上，而使别人生活得更幸福。

想到这里，我脸红了，我决定帮助这位小贩。

我转头看向小贩，发现他的自行车由于不堪重负，已经倒在地上。

我停下来把我的自行车支在一旁，向他走去。当时，小贩的一只脚压在那一摞大纸盒下面，我就想过去帮他抬一下纸盒，以便他把脚抽出来。结果，他急忙制止我，一边指着纸盒，一边连声说："这里面的东西怕摔。"

这时我才发现，纸盒里装的是玻璃鱼缸，而他的脚垫在纸盒下面是为了给纸盒一个缓冲的力，以避免把玻璃鱼缸摔碎。

于是，我用双手托住纸盒底部，慢慢托起一点儿缝隙，让小贩把脚抽出来。然后，我和他一起，小心翼翼地把纸盒卸下，再装到自行车上并捆好。

忙完后，等我赶到学校，已经迟到了5分钟。

怎么办？

我本来可以和学生们说明原因，但我没有这样做。

平常，在有学生迟到的时候，虽然我一句话也不说，不批评也不惩罚，但目送他们走到自己的座位，恐怕也是一种无言的批评。

今天却是我迟到了！

我在黑板上写下："今天我迟到了，我对不起大家。"然后我走到门外，在凛冽的寒风中站了1个小时。

我们学校的教学楼是室外走廊，那时，我们的教室在最西头，我站在教室外面迎着西北风罚站。

后来，《中国中学生报》在1993年9月8日刊载的对我第二、三轮教育教学实验班的一些学生的采访报道中，有这样一段内容：

孙老师罚站

我们的孙老师身体不好，工作又那么繁忙，这我们都清楚。有一天早晨，孙老师迟到了，他非常自责，竟然自己站在教室门口罚站。那一天风很大，望着门外的孙老师，大家心里说不清楚是感动还是难过。我们的孙老师就是这样，要求学生们做到的，他自己绝对以身作则。

这是罚站吗？不是的，我只是想减轻一下我心中对学生们的愧疚。但我没想到，学生们如此重情。

我并没有完全做到"要求学生们做到的，我自己绝对以身作则"。

我特别希望孩子们能做到：说老实话，办老实事，做老实人——当今最重要，也最难做到的标准，如果他们能够实现，至少是大有进步的。

二、班主任要对学生真诚

（一）五封短信

1996年夏天，北京电视台为了拍一部关于我的纪录片，与家长们开了一次座谈会。会后记者对我说，雷易鸣的家长提到五年前我曾给雷易鸣写过五封短信，因为事先不知道今天座谈会的内容，所以他没有把信带来。

我真不记得有这么一回事了。

第二天，雷易鸣的爸爸，果真拿来了那五封短信，他还给记者附了一封信。

电视台记者同志：

  我现在把孙老师1992年第二次做手术前，在医院里写给孩子的信附上，请斟酌采用。

  我的孩子从小就"多事"，不服管，常令学校的老师头疼。雷易鸣上小学时，我经常被请到学校，有时甚至一天两次。有的老师说："这孩子挺聪明，但就是太闹了，他不来，就和少了半个班的学生一样！"到孙老师班以后，雷易鸣也经常违反纪律，强词夺理之事时有发生。因此，在班里纪律评分时，他往往是倒数的几个人之一。为此，孙老师花费了不少心血。

  孙老师在住院前期，连着几天给他写信或打电话。当时，我感觉到孩子的兴奋，用一种我感到很陌生又庄重的样子在读、在想孙老师写给他的信。我也围绕着孙老师的信与他谈心，我们俩人的眼中常常充满泪水……

  这几封信，我们一直很好地保存着。五年来，我们全家常常把它们拿出来阅读。孙老师那良苦用心和做人准则，使我们全家人的灵魂受到净化，力量倍增。孩子在一天天长大，我想，这几封信将使他终身受益。在今后的人生道路上，这种益，怎么估计也不过分。

  从现在孩子的情况来看，在正直、正派、善良这些做人的基本点上，我是放心的。这是孙老师呕心沥血教育的结果。

  心情激动，言不达意。若您参考完这五封信请退还给我。谢谢。

  此致

敬礼！

雷易鸣家长：雷宏
1996.7.30

雷易鸣现在的表现非常优秀，人也非常热情、无私。

后来，他担任我们班"无任所班委"（或称"不管委班委"），专门负责"外交"和复杂事务。

1997年，雷易鸣考入北京大学物理学院。入学一个月后，他就被选为北京大学物理学院学生会统筹部部长。

1998年暑假，雷易鸣把9月17日军训前的几乎整个暑假，都用来做"希望工程"的工作。他在"希望工程"香饵胡同的办事处做一名志愿者，每天自带几个面包权充午餐，全天做义务工作。

上周六（1999年1月23日）晚上，雷易鸣来我家告诉我，他刚刚当选为北京大学物理学院学生会副主席。

我再次读当时给他写的那五封短信，虽然有的只有几行字，但都是我心中实打实的话。当时我的膀胱癌复发，准备进行第五次手术。我的心中惦记着这几个纪律不太好的学生，怕他们犯错误，将来难以改正，至少又浪费了人生一段宝贵的光阴。现在重读这几封短信，我自己亦感触颇深，潸然泪下。因为当时我个人的前途生死未卜。

第一封短信

原征、陈帆、郭绍汾、奎中晔、雷易鸣同学：

你们好！

在我没来学校的这几天，希望能天天听到你们纪律扣分很少的好消息。让事实证明，你们都是言行一致的好孩子。

老师不在时的表现，比老师在时的表现，更有价值。

等待今天的好消息。

你们的孙老师

第二封短信

雷易鸣同学：

你好！

你走后，我从王一同学的电话中得知，你今天一个纪律负分都没有，我高兴极了。这时，我想起你向我描述你今天如何艰难而又顽强地控制住自己不乱说话，真为你的坚强高兴。恐怕，这是你，也是咱们班同学，能使我提前回到学校的最好的动力。

我更希望，这仅仅是你迅速成长的开端，千方不要"五分钟热血"。

在咱们班，一个人若一个纪律负分都不得，比得1个负分外加5个正分都可贵，请把我的意思转告给同学们。

谨向你表示我的感谢。

你的孙老师

第三封短信

雷易鸣同学：

你好！

从昨天你的分数，我看得出来你没忘记自己的决心，我等待你今天更好的消息。

你的孙老师

第四封短信

雷易鸣同学：

你好！

三天了，你坚守自己的诺言，磨砺自己的意志，真令我欣慰。

你的孙老师

第五封短信

雷易鸣同学：

你好！

还记得在班上时，我曾讲过有人送我的那句俄国诗人涅克拉索夫的名言吗？

——人，要使自己成为怎样的人，他就能使自己成为怎样的人。

雷易鸣，你就是这样的人！

你的孙老师

孩子们的心灵都是美丽的，他们的进步有早有晚。教师应当做的，就是信任他们，温暖他们。

我在信中提到的其他几个孩子（原征、陈帆、郭绍汾和奎中晔）后来进步得很快。

原征考上了首都医科大学。

陈帆，现在是清华大学建筑学院的班长，无论才华、品德，都广受大家的赞扬。

郭绍汾以三分之差没有进入中国科技大学，高高兴兴来到北京信息工程学院。有一次，寒假已经放了三天可郭绍汾还没回家。于是，郭绍汾的爸爸到学校找他，结果发现郭绍汾一个人在空荡荡的宿舍里打扫卫生，而且他要等到各科的成绩下来后，给同学们打完电话再回家。

在中学的后面五年，班上凡有事要通知，郭绍汾从来不让我打电话，都是他和杨萱打电话通知班上的其他同学。五六年下来，他们俩不知花了多少电话费，用掉多少时间！

奎中晔初中毕业后，考到其他重点中学。

（二）爱护每一名学生

1990年以前，我连感冒都很少得，但北京市第六医院的很多大夫都认得我。因为我常去，而且带着生病的学生去求熟人给看病。

1992年，我已患膀胱癌两年了，李毅同学的脚摔伤，我仍推自行车驮着他上北京中医医院找我的医生朋友帮忙看病。

有人问我，学生有家长，我为什么多管这些事？我其实并没有什么目的，也深知孩子们的进步并不是教师某次真诚的关心就会促成的。

第二轮教育教学实验班的张夏一同学，上课经常说话，做小动作。我批评他后，他就给我写信，表示要改正。其中的一封信中有这样一段话：

……记得那次我摔伤了腿，您背我上医院，我趴在您宽大的肩膀上，听着您沉重的呼吸（您已经49岁了啊），眼泪从我脸颊流了下来。我下定决心，从此上课再也不说和学习无关的话了；我下定决心，从此遵守学校的一切纪律……

从此以后，张夏一的纪律好了一段时间，但时间长了，他难免又在课上说话，做小动作。因为，他终究还是小孩子。

1998年年底，张夏一大学毕业后来看我，他身材魁梧、举止文雅、一表人才，是一名德才兼备的部门主管。

（三）不让学生们受损失

20 世纪 80 年代，曾有三所大学邀请我去任教，学校领导也曾有意对我的工作进行升迁安排，但都被我谢绝了。我更愿意在中学里当班主任，教数学，此外，我也兼教过物理、地理、历史和音乐，还当过体育队教练。二十二中是培养我的沃土，我不仅对二十二中、东城区和北京市普教战线怀有深深的感情，而且对孩子们也是如此。

如今，一个孩子的进步或退步，都会维系着一个家庭的欢乐与痛苦。虽然教师的工作很平凡，但当我们看到自己的工作给众多家庭带去欢乐时，都会从心底升起一种无法说清楚的激动。

1995 年夏天，我们班正要升入高二，一位学生的父亲来找我，要求让他的孩子跳班到高三。因为孩子的母亲已经退休，他所在的单位也不景气，家庭经济很困难，所以他希望孩子能早点毕业后工作。我听后告诉这位家长，他的孩子是一名品学兼优的学生，如果为了提前毕业而跳级，孩子很可能考不上理想的大学。于是，我和他说，我可以向学校申请奖学金，免去他的孩子以后的学杂费，直至他高中毕业。

其实，我并没去找校长，二十二中也没有这项申请项目，如果各班的班主任都提出这种申请，校长该多么为难啊！因此，我决定替这位学生交剩下的学期内费用。

这件事维持了不到半个学期，这位学生说什么也不再让我交钱了，因为他看出来这不是学校的奖学金。由于我有时外出开会，学校的收费通知又挺急，因此我便让我的儿子（我的儿子也是我们班的学生）每次交两份钱。我为什么不是一次给这位学生足额的"奖学金"，而是学校收一次我给一次呢？这是因为我也不知道各科的各种费用加起来一共要多少钱。钱给少了，怕他不够交，我就不好再给他补钱了；钱给多了，又怕令他难以置信。久而久之，这位学生怀疑了。在《北京日报》的一篇报道中，转述了这位学生说的这样一段话：

> 我家里的生活很艰辛，学校每次收各种费用时，孙老师就说不用我交了，我的费用已经全部由学校报销。后来我才知道孙老师在"骗人"，这些费用都是他自己出的。孙老师去外边讲学、写书，人家给他的钱，他全花到了我们身上。孙老师还请中国科技大学的一些教授来北京给我们讲课，他自己承担费用。可孙老师现在还穿着涤卡的中山装，袖口都磨破了，我们从他身上知道了该如何做人。

其实，我的出发点很简单，就是不愿亲眼看着学生们受苦。

高二第二学期，这位学生搬家了，离学校 20 多公里，他每天要换乘几趟车，来回要 4 个多小时。上高三以后，我给他 3000 元，让他能有一段路坐出租车，以便节省时间用来学习和休息。实际上，我是看他脸色黄黄的，希望他能买些营养品补充一些营养。几天以后他把钱送了回来，还带来一封他父亲表示谢意的信。怎么办？于是，我亲自把

3000元送上门。过了几天，又像上次一样他把钱又送还给我，我只好不勉强了。可是，当我看着他每日的艰辛，心里很难受。直到高考后，我为他介绍了几处家教，他用别人考后该玩的时间工作，一口气挣出了大学第一年的学习和生活费用。此时，我的心才稍得安慰。

这位学生考入的是清华大学电子工程系。在参加入学后的水平测试后，他因成绩优异获得了清华大学的奖学金，这回是真正的奖学金！

粗略估计一下，这些年我累计为学生们或班级的花费，大约在1万元。例如，我不忍心增加学生们的家庭负担，帮助参加各种竞赛的学生交报名费等。

不忍看学生们受损失，这就是我的出发点。

1987年的春天，班级里要大扫除。这是一间简易的平房，至少有40年了，墙皮剥落，灰尘很厚。我考虑了很久，决定要彻底大扫除，我要求下午每位学生都要带一个厚厚的口罩、一顶帽子和一块抹布。我再三强调，谁要是没把口罩带来，就让谁回家去，我最怕学生们吸进石灰粉而损害肺部。

下午，学生们按照我的要求都带齐了用品。但要开始大扫除时，我却又改变了主意。我让全班学生都到院子里，然后我把门插上，一个人在屋里大搞起卫生来。不一会儿，学生们回过味儿来，"咚咚咚"地敲门，我就是不开，一直干了近两个小时才打扫完教室。我开门出去，返身掩上门并告诉学生们等尘土落定再进去擦桌子和窗户。这时，我已是蓬头垢面、满身灰尘，我从学生们的眼神中看出他们对我的心疼。但我心里很宽慰，因为我不用心疼孩子们了。

（四）以真心换真情

秋去冬来，1987年的冬天，有一次全班学生要参加东城区的初中数学竞赛，考试地点在东单的北京市第二十四中学。下午参加完比赛后学生们还要去西郊听讲座，大多数学生回家吃午饭是来不及了，让学生花钱买饭吃我又不忍心增加他们的负担。我爱人（她是一名医生）听说后，就在家里闷了一大锅米饭并炒了一桶木须肉片，然后用棉大衣捂严，骑自行车从我们家（在北郊）送到东单。我事先让学生们带着饭盒和饭勺，学生们刚交完卷子，我爱人就当起了分饭的大师傅。学生们吃着热腾腾的饭、热腾腾的菜，欢笑声阵阵。

我爱人也被卷进来，这在我们家已经习以为常。1987年年初的春节，刚考上大学的第一轮教育教学实验班的全体同学，从各自的学校放寒假回来后都来到我家聚会。我妻子炒了四大盘菜，然后大家又动手包饺子。等到吃饭时，大家发现坐的地方不够，站着又太挤，那可是40个人哪！于是，我们就打开房门，一阶一阶的楼梯上坐着端着盘子吃饺子的学生。

看着我们家热热闹闹的，四邻八舍，谁不羡慕？！

真诚相待，关怀和爱护，从来都是相互的。

1998年8月26日，《光明日报》刊登的文章《孙维刚老师的素质教育》中提到了这样一件事：

1998年，由于各种原因，我的身体每况愈下，5月12日接受直肠癌割治手术。之后，几十位家长昼夜地在我的病床边轮流看护。学校每天派两位中层干部到医院来，都被家长们劝说回去。他们说，不放心别人照顾孙老师。在北京我们班的全体同学，排着整齐的队伍，爬上医院的八层楼，再来病床边听一次孙老师的教诲。奚伯逊同学在中国科技大学上学，他给我写的信到北京时，我已经快出院了，他的家长立即赶到医院，要求给他加个值班的机会来医院看护我。徐飚同学得到我住院的消息后，立即从大连海事大学赶回来。我在手术12天后，夜里已不需要人看护了，但家长们不肯，他们一直守护到我出院为止。那些日子，杨维华的妈妈守在家中的电话机旁不停地接电话，把我的病情变化，随时报告给打电话来询问的家长们。每当想起这些，我的泪水都控制不住地不断涌出。

《光明日报》上的文章还写道："当孙老师受到一些媒体伤害时，最愤怒不已的是学生，更有家长。难怪80位家长那么心齐，联名写信给有关领导，反映孙老师教书育人、为师之道的八年情况，反对某些媒体主张的那种教育上的自然状态和无政府主义。"

学生们、家长们和我休戚与共、血肉相连，是为了一个共同的目标：让孩子们健康成长，正派成材，为人民多做贡献、为学校争光、为北京争光、为中国争光。

在1994年的元旦新年晚会上，作为新年礼物，我送给每一位学生一本我刚刚出版的新著《高中数学》。当时，我同时出版了《初中数学》《高中数学》① 两本书，由于学生们已经上初三，早在初二就结束了初中课程，因此我送给学生们的是《高中数学》。全班46人（包括后来中考时考到重点中学的几位同学），我买书花费了几百元，但让我花费更多的却是我的心思。我几乎用了整整三天的时间，针对每位学生的不足和长处，在搜肠刮肚地精心措辞后，在书的扉页写下我的赠言。

1992年1月，第二轮教育教学实验班有4名学生代表北京参加了第7届中国数学奥林匹克竞赛（即第7届冬令营）。这一届是在北京举行的，各省市代表队进驻中国农业科学院营地。竞赛开始的第一天早晨，我突然大量尿血。自1990年患膀胱癌以来，我还没出现过这种情况。怎么办？最终我还是下楼乘公共汽车赶到中国农业科学院，陪伴了在北京参赛的队员们一整天。

晚上，我本该送队员们上住宿地点休息，但这时我又发现自己大量尿血，还送不送他们上楼？送，于他们未必有多大价值，但不送，则影响大矣。我担心他们会想，这不是孙老师一贯的作风，难道孙老师出什么问题了吗？这必将会分散他们的精力，影响他们参加第二天的考试。

我若无其事地送他们上了住宿的五层楼，然后乘公共汽车回了家。

第二天，我还是去了中国农业科学院。

每年的数学奥林匹克竞赛，都是为了选拔当年参加国际数学奥林匹克竞赛的国家集

---

① 即《孙维刚初中数学》和《孙维刚高中数学》，现由北京大学出版社出版。

训队队员。但这次冲击我们失败了,而我也第二次住院并做了手术。

1995年1月,我们班(即第三轮教育教学实验班)的闫珺去合肥参赛,我送他上火车,但兵败合肥,我到车站接他。1996年1月,闫珺去天津参赛,我也陪他上天津,这次他成功入选国家集训队。

1996年3月初,我和学生们深夜送闫珺上火车,他要到武汉参加国家集训队为期一个月的国家代表队队员(一共有6人)选拔赛。我每天和闫珺通一次长途电话,商讨对策。这次,闫珺又成功了,我们全班去北京西客站接他回来。四五月份,在正常工作的同时,我陪他跑步,帮他翻译资料。6月份,我在机场送闫珺去武汉再次参加集训。

终于,7月19日,各级领导和我们全班的学生齐聚首都机场,打着大横幅欢迎他:热烈欢迎闫珺同学为国争光,凯旋归来。

闫珺能获得第37届国际数学奥林匹克竞赛的金牌,是他本人超人的才智和异常努力的结果;同时,也是北京市及全国许多教师——周沛耕、陶晓勇、单墫、裘宗沪、严镇军、胡大同、王人伟、周春荔等共同培养的结果。但闫珺的妈妈却总提及我,她对记者说:"多少个刮大风的夜晚,孙老师穿一件旧军大衣,骑一辆破自行车到我家来。在灯下,他给闫珺讲题。"事实上,到了后期,我们俩只是切磋讨论……

1997年1月,在杭州举办中国数学奥林匹克竞赛,我是北京代表队的领队兼主教练,全队的总成绩并不好。当时,闫珺入选了国家集训队,但3月份一个月的考试下来,他与另一名学生并列第6名。在教练组投票后,另外那名学生进入了由6人组成的国家代表队。这一年,北京队因为没有人进入国家代表队,我很自责,因为是我没有把工作做好。特别是,闫珺在前期花费了大量的时间和精力帮助我为班上的学生讲课和辅导,从而影响了他的考试成绩(在这件事上我大意失荆州)。事已至此,但闫珺和他的家长都找到我说,这不怪我,都是他们的责任,让我别往心里去。

这就是我们的学生、家长和老师,为了学校、东城区、北京和中国,刻苦奋斗,共尝苦涩,共享胜利。

真诚待真诚,心心相印。

第四节　虽非头等重要,却不可等闲视之

德育是要讲究方法的。

好的方法,有三条标准:

> 第一,有利于建设班集体。
> 第二,在方法实行的过程中,学生同时受到教育,提高觉悟和境界。
> 第三,占去学生的时间和精力相对较少,并且效果实在。

一、营造一个安静的环境，一个理想的气氛

本小节的标题清楚地表明，这里有两层意思，但它们又是统一的。

在安静而不是乱糟糟的学习环境下，教学和自习可以顺利进行，这不但有利于教师对学生进行教育，还有利于学生心平气和、理性地思考自己接受什么，反对什么；反过来，学生理性思考的水平提高了，能够事事为他人考虑，处处为集体着想，不做影响他人的事情，那么教室的环境将日趋理想。

可是，我们怎么做才能实现这个目标呢？

对于当过班主任的教师来说，纪律是一个让人很头疼的问题。

1980年第一轮教育教学实验班开始招生，我准备从初一就开始抓班里的纪律。而不能像以前那样，问题已成堆，才动手解决，那样将事倍功半。

大家都知道，在班主任的课堂上，班里的纪律都挺好，但在其他任课教师的课堂和自习课上纪律问题就很多。

最初，每天下午课后，各小组开民主生活会并进行总结。刚开始还是有些效果的，但时间久了，便出现下面一些问题：

（1）太耽误时间。

（2）坚持原则给他人提意见的学生易受到报复和孤立；不给他人提意见的人，倒成了"好人"。

（3）学生之间产生了新的矛盾，而真实的情况又反映不上来。

（4）下决心解决这些矛盾是可以的，但不知又要花费多少时间和精力。

于是，我又改变了策略，让每个学生把看到的其他同学表现不好的现象写到纸上，然后交到班委会进行统计，第二天再公布。

后来，班里的纪律稳定了，初三以后，这项工作就结束了。但这项工作给我们留下一个新问题，即有的学生认为某些班委做事不公平，是故意在找他们的麻烦，结果造成学生之间的隔阂。

因此，从第二轮教育教学实验班开始，每天由我直接收每位学生写的意见，并在不会暴露写意见的学生姓名的前提下，当场在全班面前把事实核对清楚，给每位学生打一个纪律的分数。

同时，我也鼓励学生把看到的好人、好事写下来。把好的情况记"正分"，把坏的情况记"负分"。

此外，我还特别规定：如果学生主动写下自己在纪律上坏的情况，则不记负分。

经过一年半的时间，我们终于完成了这项"历史使命"。

随着经验的积累、措施的改进，第三轮教育教学实验班只用了半年的时间，就在纪律上达到了预期的目的。

教室的墙壁上，贴着红色的楷书：**神圣的课堂永远安静，明亮的教室永远干净。**

从此，学生们在课堂上不随便说话，回答教师的问题先举手，安安静静的自习课环境，使每个人都能进入深思状态；就连课间，学生们也不在教室说话，包括我在内，大家有话要交谈时，就做个手势，相约到教室外面谈。我们不会让自己的事影响和妨碍他人。

第三轮教育教学实验班六年下来，没有一名学生违反学校和班级的纪律，也没有一名学生受过处分。这些，都与我们创造了一个安静的环境和理想的气氛有关。

更进一步，在这种环境和气氛下熏陶出来的年轻人，言谈举止一般多是温文尔雅的。

二、首先抓好"班主任不在时"的自我管理

班主任不在时，班级的纪律要和班主任在时一个样，这不但是班级局面稳定的关键，而且是学生做人品德的重要标志。

我在上述"一、营造一个安静的环境，一个理想的气氛"中所说的工作，为班主任不在时"我的表现也要好"打下了良好的基础。此外，还有些环节和机会，班主任也要抓好。例如，外出活动、社会公益活动、春游和年级会等，我都有意不跟班。

但我不去不表示我放弃责任，更不是"放羊"。我事先会制订一个细致的方案，为每个班干部落实职责，给全班学生提出一项一项的具体要求。而且，我还向学校提出申请：参与这些活动纪律管理的教师不要照管我们班，也不要过问我们班。

因为，我和学生们共勉：自觉的战士最光荣，而不用大人照管他们。班干部们的自尊心、自信心和责任感，令我们班的学生深为敬佩。

更重要的是，每次参加完活动，我们都要一一回首，表扬和批评泾渭分明。表扬，使做得好的学生心情激动，有幸福感；批评，使一时没做好的学生服气，盼望着下一次的机会快点来到，让教师和同学们看到自己的进步。

现在，有的学校要求班主任早读和课间操必须进班。我则反其道而行之，把班主任不出现在这些场合视为培养"自觉的战士最光荣"的机会。

从初一到高三，我一般不会出现在课间操上，而我们班无论在纪律、集合速度还是做操水平上，都是全校最好的。其实，更重要的是，这些成绩体现了学生们表里如一的品德。偶尔，我也会去操场和学生们一起做做操，班里的学生们用笑容相互传神示意，师生间另有一番亲切。

从 1987 年开始，我每年都要参加东城区和北京市的人民代表大会会议，或参加一些必须出席的会议，以及领导安排的去各省市进行的讲座。1993 年 5 月我还去日本访问，整 11 天。参加这些活动的期间，我从来不委托任何教师照看我们班，除了数学课改成自习课之外，一切照常。

结果呢？班级平静如斯，运转正常，欢悦如斯。

三、时时抓紧促进诚实美德的形成

前述"一、营造一个安静的环境，一个理想的气氛"中所说的工作，为诚实的美德

的形成开了一个很好的头，为后面的工作打下了良好的基础。

但这项工作，不是一个早晨就可以奏效的，必须长年不断，时时处处、点点滴滴地渗透。我把它归纳为以下两个方面的做法：

第一，长期、随时地和学生们讲这方面的故事。从《狼来了》故事中说谎的孩子开始讲起，再讲到诚实的美与虚伪的丑等，让学生们能够分辨是非，懂得向往美好与唾弃丑恶。

第二，抓住身边的每次机会。例如，开运动会之前各班会把参加比赛的人员名单报给体育组，体育组要求报完名后不得改动名单，也不能替换参赛人员，可恰巧的是，比赛那天参赛的人员中有人病倒了，那该怎么办呢？按照体育组的要求比赛时不能换人，我们到底换不换呢？

出于争夺团体总分的强烈欲望，出于对班集体的热爱，不能参加比赛的学生建议我把他的号码给其他学生来代替他参加比赛，这几乎也是大多数学生的意见。但我坚持不同意，我说："真正爱我们集体的人，请不要让可爱的我们班蒙羞。"

第三，当然也是最重要的，是班主任的行为。前面说过，我向全班的学生做检讨是常有的事。久而久之，我的行为也影响到学生们的行为。

例如，有的学生会说"今天有块玻璃破了，是我昨天最后一个走时，窗户没关紧造成的，请允许我中午时把这块玻璃换好。"仿佛，只有这样才能卸去他心中的一块石头。

四、时时分析社会现象，明辨是非，绝不盲从

在社会发展的大潮中，社会现象百态纷呈，有美丽的事情，也有丑恶的事情。中学生缺乏社会经验，辨别是非的能力弱。教师，特别是班主任，有必要帮助学生建立是非观念。同时，这也是建设作风正派的优秀班集体的又一个前提。

特别当前个别媒体，或者出于商业利益，或者是由于本人不健康的思想意识作怪，节目或刊物质量良莠不齐。因此，这项工作尤其重要。

去年，一位电台的热线主持人得意地对他人讲了一名14岁怀孕的女孩，惊恐无措地给她打电话寻求帮助的事情。一番周旋后，这位主持人做好了女孩、女孩的男朋友以及双方父母的工作。一次险情，被这位主持人化解了。

听了这件事情以后，一方面，我认为主持人确实做了一件好事；另一方面，即使如此，这名女孩的一生，她的家庭乃至社会蒙受的损失，是永远无法挽回的。为什么不能提前遏制这样的事情发生呢？

我想，如果媒体能做出正确的价值导向，没有宣传那些不负责任、庸俗，甚至乌七八糟的东西；同时，班主任的工作又旗帜鲜明，深入人心，那么这样的事情是不会发生的。

我们班的学生对"青春"的定义达成了共识，即青年是人生的春天，是耕耘、播种和浇灌的季节。男女同学的关系，应该建立在这个基础上，互相帮助和促进，而不要轻浮地说笑，不要早恋，更不要庸俗下流。因此，在我们班，男女同学之间有的只是真诚地帮助，大家相互尊重。

我们班的学生喜欢唱歌，好的歌曲是艺术享受，能发人深省，催人向上，但我们拒绝庸俗颓废的歌曲。

生日，是人生的瞬间彩虹。过生日，应使我们对未来燃起更执着的火焰。在我们班，如果某位学生过生日，学生们就会为他（她）赠一副对联，写一封信，鼓励这位学生在新一岁更加勤奋。

我们班的学生不羡慕时髦的装扮。在我们班，男生都留着短短的头发，男女生都衣着朴素，他们的眸子里却透着善良和睿智。

五、另外一种言而有信

言而无信，是指一个人说出的话不算数，没有信用。

当班主任，切忌如此。如果经常如此，班主任也会在学生心中变成寓言故事《狼来了》中那个说谎的孩子，以后说的话在学生心中就没有分量了。

我参加工作之初，在带班参加大活动或外出时，唯恐出乱子，便事先和学生们提要求：对活动中做得好的学生有奖励，对做得不好的学生有惩罚。活动结束后，我心里想总算大功告成了，于是和学生们说："大家今天都很好，解散。"

其实并不是皆大欢喜，因为总有人表现得不太好，他们没有受到应有的批评，于学生们都不好，他们觉得班主任赏罚不分明。慢慢地，班风散了，班主任说的话，学生们也不再相信了。

1997年高考录取通知书发放后，学生们纷纷高兴地跑到我家来，即将进入清华大学建筑学院的陈帆，却不无遗憾地说：

"孙老师，有两件事您说话不算数。初一建班时，您说以后教我们打篮球、排球和乒乓球，还要经常组织球赛。"

我说："我也教过，也组织过小组篮球赛呀！"

"但是，没有'经常'。"陈帆不肯认输，他又说：

"您还说，下大雪时，带我们去爬八达岭长城。"

"这……"我无言以对了。

所以说，班主任不能轻易许诺，说了就要做到。

六、促成学生做"父母的好儿女"

我非常幸运能遇到我们班学生的家长们，他们都非常正派和高尚，都吃苦耐劳，珍重感情。

但是，巴掌只有攥成拳头，才有力量。于是，我和家长们约定了以下几步：

第一，统一家长们的思想，即不要只关心孩子的学习成绩，不要只想着三年后的中考、六年后的高考。要做好学问，必须先学做人。当务之急，家长们首先要把孩子培养成品德高尚、感情丰富、遵守纪律和乐于助人的好人，其次才是学习。我的想法得到了家长们的赞许。

第二，建设好我们的班集体，这是一切工作的保证。

第三，孩子的学习。我提出，请家长们不要辅导孩子学习，更不要用自己当年的学习方法指导或干涉孩子的学习。

我向家长们详细解释了我和学生们在教学和学习上正在探索一条崭新的道路，请大家统一到这上面来。

同时，我也给自己提出了要求：

第一，我决不训斥家长。参加工作以来，我从未训斥过家长，不过近年来，训家长之风渐起，我要警惕。

第二，不当着学生的面向家长告他们的状。学生一出问题，班主任就向家长告状，无疑是宣布自己的无能。尤其是，班主任和学生在家长面前争执起来，让家长来当学生和班主任之间的"法官"，这极大地降低了班主任在学生心中的威信。

班主任要让家长了解学生身上的问题，并要争取家长和他一起来教育学生。我的做法是：首先，我把问题圆满解决后，当学生已经有了进步时，再请家长来学校；其次，在和谐的气氛中和家长聊之前在学生身上发生的事情，让家长对学生身上存在的问题有清晰的认识。

但我也向家长告过"状"，对于有进步，表现优秀的学生，我请他们的家长来校并通报学生的优秀表现。

不少家长在小学被"请"怕了，上中学第一次被我请来时，心有余悸，那个样子真让人忍俊不禁。待到我真诚、激动地向家长讲述孩子的优秀表现时，好几次当事的家长泪湿衣襟。而第二天，当学生们上学时那欢喜、那笑脸、那千依百顺，让人不禁想起王安石"春风又绿江南岸"的佳句，学生们的心和班主任更贴近了。

下面，我就要迈出最重要的一步——让孩子做家长的好儿女。

家长信任老师，学生拥护老师，可有些学生，不愿意听家长的话。人们说这是代沟。我决心不让代沟出现在我们班的学生和他们的家长之间。

我向学生们讲，他们的父母含辛茹苦地工作和抚养他们，是希望自己的孩子将来能成为国家和民族的栋梁，并一生幸福。我讲得很具体，有从书上和身边看到的，有我自己的，也有我注意搜集学生们父母的……其实学生们的心是很容易被打动的。

我请家长们每个月给我写一封信，写写孩子在家里做家务劳动的情况。每次，我都有目的性地选一些信在班上读。几个月后，学生们的家务劳动的情况普遍好转，以后，信中的内容就转移为，让家长介绍学生在家里对待父母的态度，听父母的话的情况。

不少家长和我说，他们的孩子不听父母的话，但最听孙老师的话。我感到这是一个问题，那么多家长，就没有我一个人高明吗？从教育效能上讲，这是一种舍近求远；从道义上讲，我有责任让学生孝敬他们的父母，让美好的家庭其乐融融。

有些家长在信中写了孩子对他（她）的尊重和体贴，他（她）因此而感受到欣慰和幸福。我一面读着家长的来信，一面向学生们看去，当事的学生脸红红的，一种腼腆的激动！其他的学生脸也红红的，看到别的同学表现得这么好，自己有些坐不住了！对这样的信，我总是以极庄重的态度宣读。后来，这样的信逐渐增多，又过了几个月，几乎每封信中都洋溢着家庭的欢乐。

在学期结束时，照例要开家长会、班会联席会议。当会议开到尾声时，我会把我积累到的学生对自己家长的敬佩之语，以及家长对自己孩子的夸奖之词公之于众。在即将散会时，我增加了一项议程：

请每位学生都过去挽起自己家长的胳膊，一起漫步回家。

霎时间，教室里骚动起来，一片欢声笑语，我也没想到，已经是大小伙子、大姑娘的学生们，此时犹如小孩子般，他们的家长也仿佛年轻了许多……一会儿，教室就空荡荡了，只剩下我一个人，我的儿子也陪我妻子下楼了。

我从窗户向大街上望去，仲夏之夜，华灯之下，一家家、一家家地融入温馨的夜色……

我们的家长们，成为了我们班进步的强大后盾。

我开过很多次家长会，我和家长们时时相通。我刚工作时，开家长会时也是一等再等迟到的家长，散会常是夜深人静了。当时，一次家长会上能有三分之二的家长出席已经很不错了。

但现在，我们班的家长会几乎每次的家长出席率都是160%甚至200%。这是什么意思？也就是说，每位学生的父母基本都来开会。家长们的情，让上课不写教案的我，每次都写家长会讲稿，而家长们都做笔记。杨维华的妈妈对我说："孙老师，咱们班好多家长都把六年的家长会的记录保存得整整齐齐的！"

记得第一次开家长会，也有家长来晚了。我的《家长会通知》很奇怪：晚上 7:02 开会，7:58 结束。开会那天，晚上 7:02 我准时走上讲台，7:58 准时散会。在散会后，我又给来晚的家长补讲。从第二次家长会开始，很少有家长晚到，这样，我们就用尽可能少的时间，做成了尽可能多的事情。

第五节　崇高的理想，产生巨大的力量

1997 年 1 月 10 日，在东城区少年宫剧场，北京市东城区教育局为全区 40 多所中学的代表，举行了题为《北京市第二十二中学高三（1）班成长之路》的大型报告会，我们班 15 位学生做了演讲。最后，在全班同学的大合唱《拥抱新世纪》中结束了本次报告会。

在校领导、区领导和市领导的关怀下，在全体老师的教导下，在我们班全体学生、全体家长的共同奋斗下，我们班取得了扎实的进步。

一、诚实，正派，正直

诚实，是我们最珍贵的财富。

无论我在不在班里，我们班的学生都会用一个标准要求自己：有话到教室外面说。因此，课上、自习课和课下，教室里多是静悄悄的。

无论是在学校的考试，还是外出参加竞赛考试，我们班从没有人作弊。每逢期中、期末考试，其他班都安排两位老师监考，唯有我们班只安排一位监考老师。现在考试还有这样的做法：考试时一个班的一半学生要到一个实验室或公用教室去，而且课桌的桌洞要面向自己的前方。这样做都是为了防止学生们作弊。但我们班从来不用分成两个教室考试，课桌也不用转动方向。

特别是，监考老师发完卷子就可以离开。当考试结束铃响了以后，学生们自己把卷子收齐并送到老师办公室。考试期间绝对无人作弊。

因为，诚实，是我们最珍贵的财富，谁也不肯糟蹋它。

二、树立远大的理想，立志为人民多做贡献

在我们的建班方针中有一条"树立远大的理想和宏伟抱负，立志为人民多做贡献"。这一条是对将来说的，但是将来大目标的实现，要靠我们今天的努力。

"今天的努力"，是指德、智、体都争取高层次的发展。每个人的发展，都是为了这个共同的目标。为了实现理想，当然是优秀的人才越多越好。因而，在我们班学生之间的互相帮助，是真诚的，是舍己的。

（一）在学习上互相帮助

以学习方面为例，时间对学生来说是最珍贵的，但我们班的学生认为：如果同伴需要自己花费时间帮忙解决问题，他们就会毫不犹豫地帮助同伴。例如：

● 陈硕的物理学得非常好，从高一开始，他就成了我们班的"小先生"，有问必答。特别是高三以后，自习课和课下，陈硕几乎都是站在教室外面，解答一个又一个同学的问题。而且，他的解释之细、耐心之大，令我感慨不已：就算他物理学得好，他还有别的功课呢！难道他不需要歇一歇吗？

● 陆征同学，从小立志考上北京大学，将来当一名化学家。高考填报志愿时，他只报了北京大学化学与分子工程学院，并填写"不服从调剂"。结果，陆征的高考成绩离北京大学的录取分数线只差2分，最后他决定回家复习准备第二年再考。我时时关心他、鼓励他，帮他解答数学上的疑难问题；物理上，则有陈硕帮忙。这时，陈硕已进入清华大学电子工程系，学习很紧张，而且，他们两家又相距很远。全班学生，时时把陆征放在心上，不断问候他、关心他，并为他提供帮助。陆征矢志不渝，卓绝奋斗，1998年，他以624分的成绩考进了北京大学。其中，数学144分，物理119分。在高考成绩下来时，一个一个的电话打到我家来，当学生们得知陆征考了624分时，他们的声音里都充满了喜悦。

这是一曲凯歌，更是我们全班立志为人民成材的见证。

● 桑丽芸的学习成绩很好，她聪明又勤勉，但在高考前的十几天她几乎没有执行自己的学习计划。因为，她天天在电话里给林雨同学解答问题。桑丽芸的妈妈着急地对她说："别忘了，你自己也要考试呢！"但桑丽芸说服了自己的妈妈：

"对于考试，林雨比我更担心，现在学校放假了①，我不帮她，我心里过意不去。"

林雨的学习成绩在我们班是最低的，她的高考成绩超过了本科线2分，进入中国民航大学。

在我们班，类似的例子还有很多，难以尽述。

● 杨维华的妈妈曾跟我说："我听同事们说，她们家的孩子所在的班里，同学之间互相防着，就怕别人超过自己，谁有了好书或好题目，都对别人保密。哪像咱们班，谁有了好书，马上就成为大家的了；谁有了好题目，马上就告诉别人；谁有了好解法，课上没有机会，课下也恨不得让全班同学都知道……"

因为，学生们心里都想：人民的事业需要的是大批的优秀人才，不能只有我一个。

● 闫珺的事情，是更加突出的。

最初辅导我们班的学生参加数学竞赛的只有我一个人，但高一以后，学生之间在竞赛方向上的差异越拉越大，而进行数学竞赛内容的学习，对于提高教学思维水平是极其有益的。于是，我就把全班学生分成了两部分，在1995年利用半个月的暑期时间和9月份数学课上的时间，由闫珺和我，分别给这两部分学生讲课。之后，1996年暑假的后半个月和开学后的9月份仍是如此。前前后后，一共占用闫珺200多个小时。

这两次的学习，是为了每年9月中旬举行的全国高中数学联赛做准备。这是第一个台阶。之后，从全国参加竞赛的考生中挑出大约前100名，在第二年的1月份参加中国数学奥林匹克竞赛，考试时间为两天。这是第二个台阶。然后，再从参加竞赛的考生中选出前20名，组成国家集训队，于当年的3月份到某地集中训练，参加为期一个月的10次考试。这是第三个台阶。最后，从国家集训队中再选出6个人，于当年7月份，代表中国出国参加国际数学奥林匹克（IMO）竞赛。②

当然，闫珺也要一个台阶一个台阶地上。那么，这200多个小时，对于也要面临上第一个台阶的闫珺来说，是何等的宝贵！可是，为了伙伴们，为了我们班，闫珺毫不犹豫、积极向前，这种安排也是他主动向我建议和争取到的。

因为，建设好我们班，是成就一批优秀人才的关键。在全国高中数学联赛中，我们班取得了十分突出的成绩：1995—1996年度，3人获得一等奖，6人获得二等奖；1996—1997年度，5人获得一等奖，3人获得二等奖，6人获得三等奖。这时，闫珺欣慰地说："这是我最希望得到的结果。"

---

① 当时的高考时间为每年的7月7—9日，此处是指高考之前学生们回家自行复习。
② 当时的参赛时间和阶段安排与现在有所不同。

1997年2月份，因为一个误会，我以为我的膀胱癌复发了，闫珺听到后，眼眶立即润湿了，他马上提出要帮助我辅导同学们参加高考。他问我："孙老师，您还有什么需要我做的事情吗？"事实上，在我们这里，为你、为他、为集体，在为人民多做贡献的大目标下，所有事情都完全统一了。

（二）家长助力

再写一个同样突出的例子。

还是1985年，我在教第一轮教育教学实验班的时候，有一天在校门口，我看见苏泳背着一个大书包，手上还提着一个大书包。我问他原因，他笑着说："一门语文课就有5本参考书和练习册，外加一本大字典……"这时我才发现，全班学生几乎和苏泳一样。

孩子们正处在身体发育时期，这会影响他们脊柱的正常发育。我想要是每个学生在学校里有个柜子就好了，于是我在班上说了这个设想。我和班干部们开了几次会议研究此事，估计做柜子的材料费就不下4 000元。难啊！几次开会商量都没有结果，做柜子的事情就这样搁置下来。

万万没想到，1994年秋季的一天，孙阳来找我并给我看了一张他的妈妈（一位高级工程师）设计的图纸，他问我柜子做成这样行不行。孙阳的妈妈将柜子设计得太完美了，但是，我畏惧工程之艰难。孙阳说："孙老师，您别担心，我妈妈找人来做。"我连忙谢绝，孙阳的妈妈设计了这么棒的图纸，我已经于心不安了。

可是，10天以后，孙阳又来找我并告诉我柜子做好了，而且他妈妈把卡车也借好了，当天晚上就运来。容不得推辞，我赶紧安排班里的男生晚上9点（当时，北京规定9点以后卡车才能进城）到校，接车搬运。

当天晚上的场面，我永远不会忘记，孙阳的妈妈也跟车过来。她不但和我们一起卸货，还想帮着我们一起往四楼抬柜子。最后，总算被我们劝住了。深秋的夜深了，汗水仍然淌满学生们的笑脸。好高兴啊，我们有柜子了！

一排48个柜门的组合柜，分成6组，乳白色中透着淡蓝，素雅大方，而且每个柜门上，都有一副精巧的吊扣。柜子整整齐齐，从北到南占据了教室后半面墙壁。以后三年，来听课的老师们一进门，最先吸引他们的就是这排柜子，它们给我们的教室增加了亮色，增添了肃静，更为我们增加了力量——齐心协力建设好我们班集体的力量，为人民成材的力量。

学生们当然希望把做柜子的钱交给孙阳，但孙阳不肯收，孙阳的妈妈说："为什么不给我们一个学习雷锋的机会呢？"

最终，孙阳妈妈一分钱也没收。激励，却永远留在了每一个学生的心中。

将来，要为人民多做贡献，与现在随时为他人做事情，是一致的。因此，只要是我们能做到的，就一定要去做。

（三）其他表现

● 虽然我们班的人数少，但每次捐款、捐物的数量常常是全校最多的。在捐助希望工程时，按学校统一的安排，全班捐助一名失学儿童即可。除此之外，雷易鸣、杨萱、孙兴等许多学生又独自捐助一名失学儿童。

- 全校大扫除时，阅览室和实验室的老师，都争着要我们班的同学去。他们说我们班的学生不但干活好，而且纪律又好，他们最放心。

中学的前5年，每个寒暑假，我们班的学生都要拿出两天的时间，到东城区教育局仓库把全校师生要用的几万本新课本、练习册和参考书搬回学校。高二暑假时，我曾建议学生们不要再搬书了，学生们说："孙老师，您不用管了，为学校做一点儿事情，是应该的。"

那一次，我和他们一起搬了一天，天下着小雨，雨水和汗水把大家的衣服都浸透了，郭绍汾索性脱下上衣光着膀子干活。学生们纯朴的笑容里，没有一丝因花费了时间而露出的遗憾，他们觉得为学校、为班级所做的一切都是应该的。

- 杨维华的家离学校较近，他就要求保管班级的钥匙。他每天总是第一个来，最后一个走，六年如一日。李谧、戴强负责班级的财务工作，也是六年如一日，从不嫌烦。

- 戴强搬家后，他每天骑车12公里来学校。教室门刚刚打开，他就要把班里的桌子擦一遍，地扫一遍。放学后，他带领值日生把地擦干净，然后把墩布拧干，整齐地码放在墙边，之后再骑车回家。我劝戴强不用天天如此，他不肯并且说："我是生活委员，我做这些是分内的事。"

- 我们的全体班委和小组长，都是六年如一日地工作。他们都和戴强一样，尽心尽职，深孚众望。而一个好的班级，离不开班干部的辛勤付出。

我们的班长兼团支部书记王一同学是遵守纪律的模范。可以说，从初一到高三，除了上课举手发言，他在课堂上没说过一句与课程无关的话；他是劳动模范，干活总是抢着干；他一身正气，坚持原则，又不计较得失；他关心同学的困难，又不迁就他们身上的不足，发现同学有做得不对的地方，他一定要指出来。他有力地配合各科老师，带出了正派向上、团结友爱的集体。

三、处处是真情

（一）"多管闲事"的李毅

有一天，李毅来告诉我："孙老师，杨远航中午不吃饭或只买一个馒头，已经很长一段时间了，这个月他也没买饭卡。最近他把自行车弄丢了，他的妈妈又给他买了一辆车。我猜杨远航是觉得家里为他花钱太多了，想让家里少花点钱，就自己饿着肚子……"

我去问了杨远航，果然如此。

这件小事让我久久不能平静。杨远航是多么好的孩子啊！丢车不是自己之过，他的家境又不困难，杨远航何必这样做呢？

我在班上称赞了杨远航孝敬父母的美德和对家庭的责任感。当然，杨远航的具体做法不对，这样吃饭对身体不健康。

我还特别表扬了李毅，他随时关心同学，还"多管闲事"地跑来告诉我。他知道我能处理好这件事情，这样杨远航就不用再饿肚子了。另外，李毅怎么猜得那么准呢？这是因为他对父母的感情同样细腻。

李毅"多管的闲事"还不止这一件。有一次，陈硕两天没有到校，李毅找到我说："孙老师，陈硕的爸爸刚走，他是来给陈硕请假的。陈硕在体育课上崴了脚，在用中药熥的时候，脚气引起他的腿感染，从小腿一直肿到膝盖……"

"他上医院了没有？"我一面问，一面思忖，陈硕的家境不好，可别耽搁了治疗。

"医生告诉陈硕爸爸，如果注射一种进口药，每针400元，打6针就能好，但陈硕打不起，已经回家了。"

"这怎么可以！"我拿出钱包，发现里面只有300多块钱。

说话间，我们来到教室，只见讲台上放着一摞钱。原来学生们听闻此事后，把退回来的军训费用捐出来。不一会儿，雷易鸣点完钱，立刻把捐来的2400多元"飞送"到陈硕家里。

后来，陈硕的病情有了缓解，没有再注射药，而他的爸爸随钱送来的一封催人泪下的回信，又让全班学生久久不能平静。

（二）"接力"助同学上学

有一次，贾笑天踝骨骨折了，那些日子每天一大早，几个学生就骑车到他家里，用自行车把他驮到灯市口无轨电车车站。几个有月票的学生早早地等候在车站，再把贾笑天架到无轨电车上。车到交道口车站时，另一拨骑车的学生已等候在车站，再把贾笑天驮到学校。接力第4棒的是力气最大的学生，负责把贾笑天背上楼。虽然贾笑天不幸骨折，但他的功课一点儿也没耽误。

（三）为了集体，忍病负重

但想起高航，我恐怕要永远内疚了。

在前面提到的在东城区少年宫剧场的那场报告会上，我们班的大合唱结束后，大家排着队整齐地走到后台。此时，高航同学说自己不舒服，贾笑天和孙兴立即把他送到北京市第六医院。

我处理完会后的一些事情后，又往杭州打了一个长途电话。我是第12届中国数学奥林匹克竞赛的北京队领队兼主教练，本应该在当天中午和北京的队员们（包括我们班的闫珺和戴强）一起乘飞机前往浙江大学，由于下午的报告会，我只好推迟一天，但心里放不下先期到杭州的学生。晚上7点我才回到学校，贾笑天和孙兴在学校等着我，他们已经把高航从医院送回家。

我没想到高航竟发烧到39.2℃。这么严重！

当我赶到南河沿南口高航家里时，已经晚上8点多了，高航刚睡着。他的妈妈说，高航感冒有几天了，今天早晨的体温是37.5℃，奶奶让他不要去学校，抓紧把病治好，但他不肯听。高航说下午还要去东城区少年宫剧场开会，最后是全班大合唱，队形已经排好了，如果自己不去，那又要重新排队形，给老师和班干部添麻烦。他觉得自己的体温也不太高，吃点药就好了，等合唱完了再请假也不迟。

那天晚上，高航的家人说什么都要留我吃晚饭，高航的奶奶打开火给我做饭，热腾腾的饭菜端上来，我的心也是热乎乎的。

我从杭州回来时，已是5天以后，高航已经完全康复，而且参加了全区期末高三统一测试。在学校里见到他时，我问起那天的事。他说：

"那天中午开始，我就觉得有点儿不妙，可能会烧起来，因为我感觉有些发冷、发抖……"

"那你为什么还不说，抓紧上医院，也不至于后来烧成那样。"我似乎在责备他。

"那……那，我就更不能说了，已经要出发了，我要是一说，不但合唱的队形要重新排，而且还要其他同学陪我上医院，大家心里都会惦记我，开会和讲演就会分心了……"

这就是高航，我们班上的一名"战士"，心中首先装的是别人，是集体，是工作！尽管我并不提倡，也不赞成他这种做法。

高航这样做需要多么坚强的意志啊！同学们竟然都没看出来原来他一直在和高烧做斗争！

我对我没有觉察出来高航身上的变化而深深自责。

（四）见着困难，大家抢着上

1994年6月初，正是中考复习的关键时刻，因为6月24—26日，全市中考。一天上午，我发现李冰的座位空着，就问其他学生是什么原因他没来。有人说，李冰早晨来了，但他有点不舒服，就去医院看病了，一会儿就回来了。我看见李冰的书包还在桌洞里，就放心了。这些日子，班上几乎没有人请假。

下午放学前我到班上，李冰的座位仍然空着，学生们要给他送书包，我没同意，心想让他在家里好好休息一下吧。

晚上10点，我刚回到家，电话就响了："孙老师，我是李冰的爸爸。李冰得了风疹，有些发烧，这病会传染。听说××中学，大半班大半班的学生病倒了，所以李冰一听说自己得了这个病，立即从医院直接回了家，也没敢回班级，怕把病传染给别的同学，他的书包我也没去取，我怕我身上也有病毒……"

听到这里，我的呼吸沉重起来了。

李冰的爸爸接着说："孙老师，我打电话，一是给李冰请假，等他彻底好了再去学校；二是请您告诉同学们，喝板蓝根，一次两包，一天两次，可以预防风疹，明天教室里要熏熏醋，多通风，不知李冰是不是已经把病毒扩散到教室里了……"

我还能说什么呢？！与其感谢他的一份真情，不如赶紧采纳他诚恳的建议。

这时已经是晚上10点多，按照我们班的规定，学生们已经入睡了，但是喝板蓝根这件事更重要。如果真如李冰的爸爸所说，李冰已经把病毒带进教室，那可怎么办？这时，我记起白天在办公室，听说有的班请病假的学生比较多，会不会得的就是这种风疹呢？

于是，我果断决定：全班停课三天，有病没病的学生，都在家复习。

接下来，打电话吧！

按照惯例，我第一个拨通了郭绍汾的电话，不过今天可不是让他通知别人，而是告诉他："放下电话，喝完板蓝根，就赶快上床睡觉！"

但郭绍汾不肯，并再三恳求我由他通知其他同学。最后，讨价还价的结果是：郭绍汾通知班里三分之二有电话的同学，余下的归我通知。

"起来喝板蓝根，一次两包，一天两次，明天晚起床，从明天开始连续三天自己在家复习。"

这一声声带着真情的"命令"，通过细小的电话线，在深夜北京市电话线的网络上，流向了四面八方。

郭绍汾还问，没电话的同学怎么办？他也要去通知，我告诉他，明天一大早，我到学校大门口去拦住他们。

打完我分管的电话后，已是深夜12点，我骑车进城，到交道口芳草药店的夜间售药小窗口，买了4盒板蓝根，2盒留给我儿子孙兴，2盒留给和我邻楼的李晓崧同学。当时，他家还没有装电话。

我敲开李晓崧家的门，他的爸爸只穿着睡衣，听我说完后，他立即和晓崧妈妈穿好衣服一起出来。

他们说："孙老师，您回家休息吧，班上没有电话的同学，我们去通知……"

我感动得一时不知道说什么好，我和他们说了我的安排后，他们才回去。

当时，我们班有十多个学生的家里没装电话。第二天一早，我站在学校大门口等候。可是左等右等不见他们来，快7:30的时候，李晓崧的妈妈来了，她说，李晓崧今天起来后说英语韩老师有份材料在他手上（李晓崧是英语课代表），他怕耽误韩老师给别的班讲课，让我把材料送给韩老师。我又无话可说了，我们班的学生总静不下心来，因为他们心中总装着他人呢。

可是我要等的人，一个也等不来。这是怎么回事儿呢？

第一节上课铃响了，大概不会有人来了吧，难道都病了？我害怕了，我骑到没装电话的最近一个学生家后，才知道廖东南在校门口把他们都拦回去了。

廖东南的家里有电话，当他接到郭绍汾的电话通知时，立即想到了班上还有一些同学家里没有电话。决不能让这些同学走进教室！于是，廖东南先我一步，站在了学校大门口。

我实在无话可说了，学生们为他人操的心，比我想得还多、还细。

1996年，学校让我们班给全校师生介绍经验，当时，第三轮教育教学实验班的副班长刘婷在全校大会上有这样一段发言：

……我们鄙薄社会上的一些花花绿绿，因为我们有自己的审美标准。那就是我们的建班方针。我们班的男生留着短短的头发，男女生都衣着朴素，从不轻浮地说笑逗闹，大家相互尊重……

孙老师教了我们许多歌，我们常陶醉在准确动听的二声部的旋律之中，我们歌唱，我们欢笑，我们沐浴着春天的阳光，沉浸在集体的温暖里。同学们团结友爱，为祖国成材而共同奋斗。可爱的集体，是每个人力量的源泉，正像我们第三首班歌所唱的那样：

"我们高二（1）大家庭，充满着阳光，同学们互爱，像兄弟一个样。见着困难，大家抢着上，见着荣誉，大家相让。班级的生活，多么欢畅。嗨——嗨！团结就有力量。嗨！团结就有力量。"

见着困难，大家抢着上，在我们班，随时可见；见着荣誉，大家相让，一波连着一波……

（五）见着荣誉，大家相让

为了激励优秀人才的培养，北京市东城区人民政府出台了奖励优秀中学生的相关政策。

每年的"五四"青年节，东城区人民政府都会表彰东城区人民政府特优生（以下简称"特优生"）。开始时，在全区 5 万名中学生中每届评选 20 人，近年增加到 50 人，平均下来每所中学也只有 1 人多一点儿的名额。但是评选并不是搞绝对的平均主义，它有严格的评选标准。虽然每位特优生有 200 元的奖金，但人们更看重的是这个奖项所带来的高度荣誉感。

第二轮教育教学实验班的李毅、廖翊民、彭壮壮、吕骐和张夏一，先后被评上过特优生。

第三轮教育教学实验班的初一入学的生源并不理想，初中的三年没有人被评上特优生。

高一时，闫珺和刘婷被评上了特优生。

高二时，报闫珺、刘婷和杨维华当然能评上。往下的陈硕和任晓军，也都达到标准。但一个班一次报 5 个人，史无前例（上面写的第二轮教育教学实验班的 5 名同学，不是在同一年评上的特优生），而且有点儿悬。我考虑再三后，决定在陈硕和任晓军之间只报陈硕。

当我向任晓军讲了这个想法之后，他十分坦然地接受了。我也向陈硕讲了这个想法，因为当天中午我要去参加北京市人民代表大会会议，所以请他把我们班的 4 个人的材料抄写好交上去。

结果呢，陈硕把任晓军也报上去了。

上高三时，我们班达到申报特优生条件的人更多了，有 8 名学生。一个班被评上 8 名特优生，太多了，最后上级给了我们 5 个名额。

推荐谁呢？8名学生（闫珺、戴强、王一、杨维华、廖东南、刘婷、温世强和陈硕）你推我让，有的人还给我写了信。

例如，温世强在信中最后写道：

以上是我真心所述，绝对不是谦让之词。不论从全班还是同学的个人角度，都请您考虑我的建议，我决不会后悔。

您的学生：温世强

最终，我们推荐了闫珺、戴强、王一、刘婷和陈硕。

更令人感慨的是，几个月后的高考报名前夕，评选北京市三好学生的工作开始了。

当时，国家有规定，被评为省（自治区、直辖市）级三好学生的考生，高考成绩加10分。当然，这个三好学生有名额限制。鉴于我们班的情况，上级破例给了我们4个名额。可是，这几个名额给谁呢？

就条件而论，我们班的大多数学生都符合标准，而且彼此之间相差不多。

我征求符合条件的排名在前15名的学生的意见（这其中包括我的儿子孙兴），他们都愿意把这个机会让给后面的伙伴，使他们由于加上这10分，而能够考取北京大学或清华大学。

时间匆忙，我们就这样决定了，这15名学生都不参评北京市三好学生。

后来，这15名谦让的学生都考上北京大学或清华大学。而得到加10分机会的学生，裸分也都达到北京大学和清华大学的录取分数线。但是在高考前，谁有这个把握呢？

有人说，高考分数下来，1分就能差出一大操场人。这可是关系人生前途的大事啊！但在我们班的学生眼里，为了小伙伴们，他们却是那么坦然地相让。

这就是我们的班集体，这就是我们班学生之间的真诚——**见着困难，大家抢着上，见着荣誉，大家相让。**而现在，这已不单单是为了荣誉。

如果说，德育是否成功，还要等待历史的检验，那么今天在一件件关天大事上学生的心灵表现，不是在我们瞻念前途时，更令我们备受鼓舞吗?！

（六）真诚待同学

高考期间，有件事令我终生难忘。

我的儿子孙兴，在考试的三天中几乎整夜睡不着。他自我感觉考得不好，情绪非常低落。他和同学说，他不准备提前查分，也不打算打电话查分，只待7月27日到学校拿成绩单，一切听天由命了。因此，他也不肯把准考证号告诉别人（当时高考为了防止作弊，每个班的学生都分在不同考点的不同考场，彼此难以推算准考证号），他觉得坏消息晚知道一会儿是一会儿。

孙兴的事，也影响了我的心情。回想中学6年来，虽然他在我们班上，但除了听我上课以外，我没有单独给他辅导过一次功课，也没有给他讲过一道题。孙兴也不问我题，有时我们一天都说不上一句话。因为一到晚上，四面八方带孩子来求我指点的人，一拨又一拨，一直到孙兴睡觉也完不了。也有时，晚上我要去我们班学习差一些的学生家里家访。在初一时，孙兴的成绩排在全班最后，我有时难免对他发脾气，指责他。我思前想后，觉得很对不起孙兴。

大概班里的学生们感觉到了孙兴情绪的低落，高考完以后，雷易鸣、陈帆和温世强来找孙兴，拉他一起去野三坡爬山，散散心。

1997年7月24日零点，是高考成绩问询台查分数的开始时间，查一次分数要交10元钱。

几天后，李晓崧的妈妈告诉我，那天夜里两点，杨萱给李晓崧打电话，询问孙兴的考场号，没问到后，他又和郭绍汾打了近30个电话，一个准考证号一个准考证号地查，终于把孙兴的分数查了出来。当他们知道孙兴的分数肯定能考上北京大学时，他们急于让我们知道这个好消息，结果一直往我家打了3个小时的电话才打通（我家的电话夜里关机）。

在听完李晓崧妈妈讲的这件事情以后，我把头转向了侧方，我的眼泪流了下来。杨萱和郭绍汾都是好学生，一个报了清华大学，一个报了中国科技大学，这次考试他们也有失误，他们当然会先问询自己的分数，按常理，他们在已经知道自己报的第一志愿落空的情况下，一定有跌入深渊的感觉，心灰意冷，可是他们还是执着地要给孙兴查分。当知道孙兴肯定能进入北京大学的好消息后，又执着地一遍遍拨打我家里的电话，要让我们早一点儿放心。这份心、这份情，世上哪里去寻？世上什么财宝可换？世上无处可寻！世上没有财宝可换！

真诚待真诚，心心相印，孩子们给予我的远远多于我给予他们的。

（七）追求崇高的理想

我们班的同学之间，师生之间，之所以感情深厚，是因为我们共同追求一个崇高的理想、一个伟大的目标。

几年来，我们班有了四首班歌。

第一首班歌是《抗日军政大学校歌》，歌词如下：

黄河之滨，集合着一群，中华民族优秀的子孙。人类解放，救国的责任，全靠我们自己来担承。

同学们，努力学习，团结、紧张、严肃、活泼，我们的作风。

同学们，积极工作，艰苦奋斗、英勇牺牲，我们的传统。

像黄河之水，汹涌澎湃，把日寇驱逐于国土之东。向着新社会，前进！前进！我们是劳动者的先锋！

我们的第二首班歌是《勘探队员之歌》，歌词如下：

是那山谷的风，吹动了我们的红旗，是那狂暴的雨，洗刷了我们的帐篷。

我们有火焰般的热情，战胜了一切疲劳和寒冷。背起我们的行装，攀上那层层的山峰，我们满怀无限的希望，为祖国寻找出富饶的矿藏。

是那天上的星，为我们点上了明灯。是那林中的鸟，向我们报告了黎明。

我们有火焰般的热情，战胜了一切疲劳和寒冷。背起我们的行装，攀上那层层的山峰，我们满怀无限的希望，为祖国寻找出富饶的矿藏。

是那条条的河，汇成了波涛大海，把我们无穷的智慧，献给祖国的人民。

我们有火焰般的热情，战胜了一切疲劳和寒冷。背起我们的行装，攀上那层层的山峰，我们满怀无限的希望，为祖国寻找出富饶的矿藏。

第三首班歌是我们自己编的——《我们初一（1）班》，每过一年，就升一级，改为《我们初二（1）班》，以此类推。

我们初一（1）大家庭，充满着阳光，同学们互爱，像兄弟一个样。见着困难，大家抢着上，见着荣誉，大家相让。班级的生活，多么欢畅。嗨——嗨！团结就有力量。嗨！团结就有力量。

第四首班歌是《拥抱新世纪》，改编自《国旗颂》，歌词如下：

几千年繁衍几千年孕育，烈火中激荡起中华的希冀。

几千年繁衍几千年孕育，血泊中凝聚着民族的奋起。

我们青年一代，迎来共和国崭新黎明，和冉冉的太阳一同升起。

几千年阳光几千年崎岖，拼搏中留下了燃烧的记忆。

几千年阳光几千年崎岖，自强中谱写了团结的旋律。

我们青年一代，展现共和国锦绣前程，在世界星空中漫卷天际。

班歌昭示着我们的理想、我们的目标和我们的追求。

彭壮壮同学获得美国西屋科学奖（俗称"少年诺贝尔奖"）后，进入哈佛大学。很多人关心他的归宿，他写信给我，让我转告关心他归宿的人们：

唐朝诗人王昌龄有两句诗：

洛阳亲友如相问，一片冰心在玉壶。

第三章 重视体育,热爱艺术

第一节 体育，是我们不可缺少的人生内容

1996 年，第三轮教育教学实验班的副班长刘婷在全校大会上介绍我们班的经验时，在发言中有这样一段话：

> 孙老师常说，重视体育不仅仅是为了有一个好身体，更重要的是，它将铸就我们坚强的意志。在人生的道路上，有多少有形或无形的险峰需要我们去攀登！有多少有形或无形的悬崖需要我们去冲锋！

一、多好的体育老师，多好的学校

二十二中的体育课实行男女生分班上课。我们学校有一个非常好的体育教研组，周宝兰、华亚铃、井文、王莉老师和陈斌主任都教过我们班的体育课，他们为人也非常好。

特别是，周宝兰和华亚铃两位老师，他们不仅业务精湛，而且待人诚恳，学生们都和他们交成了知心的朋友。

周宝兰老师不仅教我们班的女生，而且也关心我们班的男生，讲起每个男生的特征、优点和缺点，如数家珍。学生们大学第一年寒假回来，周老师还特意自己花钱买票带他们去亚运村霍英东馆游泳。

在周宝兰和华亚铃两位老师的悉心指导下，我们班的学生受益匪浅。

二十二中非常重视体育，有良好的体育设施（规范的 200 米跑道、3 个户外篮球场、2 个户外排球场、1 个室内乒乓球室，1995 年又修建了室内篮球场）和齐全的体育器械。

20 世纪 80 年代，二十二中的女子篮球队多次获得北京市中学生女篮冠军。20 世纪 90 年代以后，二十二中的男子篮球队又多次获得北京市中学生"振兴中华杯"的篮球冠军，是北京市中学生男子篮球队的一支劲旅。我们学校成为北京市篮球传统校。

二、"体育"班主任

20 世纪六七十年代和 80 年代初期，在校外，人们看我的样子常问我："您是教体育的吧？"在校内，不认识我的学生，以为我是体育老师。不过，我倒是很乐意被人称为"体育班主任"。

20 世纪 70 年代初，二十二中共有 50 多个班级，在学校的田径运动会上，我当班主任的高一（11）班，战胜了众多强班，例如，高二（2）班、高一（4）班等，一举夺得团体总分第一名的好成绩。其中，在女子的 11 个项目中，我们班得了 10 项第一名，男子也得了四分之一项目的第一名。

我对体育，情有独钟。

在青岛第二中学上学时，我不仅是标枪、铅球和 4×100 米接力的选手，还是校排球

队、班篮球队的队员。此外，我还当过青岛市业余游泳教练。我工作以后，在1962年获得二十二中乒乓球比赛单打冠军；1963年，参加东城区体育教师篮球队与全国公安部篮球队比赛；1965年，获得东城区教工乒乓球单打第5名；1972年，在第一届东城区教工运动会上，面对许多20多岁的体育教师在内的80多名标枪选手，已经33岁的我获得第3名，入选几乎都是体育教师组成的东城区文教局代表队，参加了全区田径运动会和游泳运动会。

在二十二中工作时，我兼任过乒乓球队、排球队和篮球队的教练。

此外，在当班主任时，我教学生篮球、排球、足球、乒乓球、游泳、投掷、练跑和练跳跃等体育运动。

我深深喜欢体育运动，我也要让我的学生们迷上体育运动。

1991年，第三轮教育教学实验班的学生刚入校，我就拉着他们到操场上锻炼身体。只要有机会，我就为学生介绍体育发展历史，讲解比赛项目的具体的技术和战术，甚至是比赛的新闻花絮等。放学后，我要求学生去操场跑步。暑假，我们班进行了一个星期的男女生小组篮球循环赛，我当教练兼裁判。学校的大操场上，回荡着我们班学生的呐喊声。

1991年年底，国奥足球队折戟马来西亚，回国后，人们对徐根宝教练一片责难，我则给徐根宝教练写信表达了我们班学生对这次比赛的看法和对他的支持。几个月后，作为施拉普纳的助手，徐根宝带中国队去日本参加亚洲杯。开始的比赛成绩，中国队败多胜少，眼看比赛要结束了，我们一面向比赛地东京发去传真支持中国队，一面准备了横幅，万一中国队被淘汰，就到机场接他们。

后来，徐根宝还向报界谈过这件事。通过这件事，学生们被激发了爱国热情，愿意与逆境的人患难与共；但这也造成一些学生过分迷恋足球，在足球上花费了太多的时间和精力，结果影响了他们的学习成绩。

三、增添了光环，强壮了体魄

初一时，全年级6个班，我们班的学生平均身高最矮小，校篮球队的特招生集中在初一（5）和初一（6）两个班。在学校运动会上，我们班的团体总分，在年级中只排在第四名。

初二时，我们班在学校运动会上的团体总分只落后于初二（5）和初二（6）两个班；初三时，我们班的团体总分超过了初三（6）班，成为年级第二。

高一时，学校把校篮球队的特招生集中安排在年级中的一个班中，这一年学校没开运动会。

高二时，学校举行运动会，整个高中是一个组，一共12个班级，有18个项目440分（接力分数加倍），平均每个班级不到40分。实际上，大多数班级只有二三十分，校篮球队的队员所在班级的团体总分排名第二，达到67.5分，而我们班以团体总分126分的成绩，取得压倒性的第一名。

在高三的学校运动会上，校篮球队的队员所在班级的团队总分为 57.5 分，而我们班的团体总分为 122.5 分，更是取得压倒性的第一名的胜利。

高三那年，我们班拿了半数以上的比赛项目的冠军。在学校的大喇叭广播中，一次又一次地响起高三（1）班学生的名字，我们班传来一阵又一阵的欢呼声。这让我们足足兴奋了好几天；我们班的学生不但学习好，体育也最好！

当然，不是每个学生都参加比赛项目，但是长期的体育锻炼，大家的身体都变得强壮了。每次广播体操比赛，我们班都是第一名。高三毕业时，我们班的男生的平均身高在全年级最高，28 名男生，近一半在 1.80 米以上。

那么，我们班在学校运动会上的团体总分第一名的含金量如何呢？

1998 年，在一年一度的清华大学田径运动会上，刘婷获得 800 米第三名、1500 米第四名的成绩。

在北京大学运动会上，张海飞获得男子铅球第三名，桑丽芸获得 800 米第七名的成绩。

要知道，这两所学校都招了许多体育特长生。而我们班的学生，连业余体校都没上过。

任晓军获得北京市中学生男子体操个人全能第二名的好成绩，完全是体育教研组华亚铃和赵洪斌两位老师一手教出来的。上大学以后，任晓军又获得清华大学健美冠军（他是不降分考进清华大学的）。

第二节　我们的班级生活，绚烂多彩

前面提到的，在 1996 年我们班介绍学习经验的全校大会上，副班长刘婷同学的发言中，还有这样一段话：

……我们的同学都热爱艺术，它是我们全面发展和提高修养不可缺少的一部分……

一、有利的条件

第三轮教育教学实验班的学生，在艺术上的造诣，是我过去的学生无法比拟的。以前有文艺比赛时，我几乎要给每个班进行手风琴伴奏。但现在，肖丽、戴强、李谧的手风琴比我拉得还要好。在合唱比赛时，我和他们三个人一起上台为我们班伴奏。此外，李谧、刘婷、曹珺、肖丽、段大方、闫珺、孙兴都能演奏钢琴。

曹珺曾获得东城区小学生五项（包括钢琴、唱歌、舞蹈、演讲和绘画）全能比赛的第一名；李晓崧曾获得北京市小学生小提琴比赛的第二名；陈帆曾在书法比赛中获过奖，上大学后还代表清华大学参加全国大学生艺术节并获得二等奖。

而二十二中也十分重视艺术。近几年，学校也招收艺术特长生组建乐团。学校每年都有文化节，举行歌咏比赛等活动。

我平时都会充分利用这些有利条件，使它们为推进学生的素质教育服务。

二、不能半途而废，而应继续前进

现在，一些小学生的家长会安排孩子学钢琴、小提琴和手风琴等乐器，可是上中学后学生们的功课紧张起来，很多人都放弃了学习这些乐器。这多么可惜啊！宝贵的学习过程就这么半途而废了。

我是鼓励这种艺术特长的，我鼓励班里有艺术特长的学生合理安排时间，继续学习。

每年学校的元旦晚会都有我们班的节目，只要学校安排我们班演节目，我们就一定会参加。

每年班里举行新年联欢会，我们就会把学校的钢琴抬到教室里。在联欢会上，一个又一个高雅的节目让大家享受到艺术的美，我们的演出水平也一年比一年高。

平时，我也尽自己所能，给学生们讲音乐知识，如大调、小调、和弦，宫、商、角、徵、羽，咏叹调、宣叙调，交响乐、轻音乐等乐理知识。我也会教学生唱一些歌，让大家排练合唱等。

每次的学校合唱比赛，如果是以年级为单位评奖，我们班总是年级第一；如果是以学校为单位评奖，我们班则是全校第一。这些年来，只有我们班在每次的大合唱比赛中都能唱出和谐的二声部和四声部。

第四章 让实践来验证

三轮教育教学实验，17 年的光阴，17 年的风雨，17 年的改进和反思。实践证明，我们的探索是有益的。

我们定下的目标是，使学生德、智、体全面发展，在品德素质、智力素质和身体素质等方面，普遍地大幅度提高，为造就中华民族栋梁之材，准备良好的基础。现在看来，这个目标基本实现了。

第一节　身体素质和艺术素养健康发展

身体素质和艺术素养方面，已在本书第三章进行总结，这里不再赘述。

第二节　智力素质显著提高

一、第一轮教育教学实验班（1980.9—1986.7）

（一）总体情况

1980 年，小学升初中考试与小学毕业考试合在一起进行，全市统一时间，各区统一命题。

二十二中的最低录取分数线是 185 分（包括语文和数学两门功课，总分四舍五入）。当时，东城区的 7 所市、区重点中学，除了一所学校为九年一贯制之外，其他 6 所中学的最低录取分数线在 190~194 分之间。

第一轮教育教学实验班——初一（4）班录取了 45 名学生，有 2 名是第二志愿考进来的，39 名是第三志愿考进来的，还有 4 名"照顾生"。全班都是没考取重点中学的学生。

后来，有一些学生没来报到，重新择校，我们又补充了一批分数在二十二中录取分数线之下的学生，一共有 48 名。

1983 年，第一轮教育教学实验班的学生初中毕业，有 28 名考走了。他们或考入重点中学或考入其他高中学校或考入中专、技校。中考后，第一轮教育教学实验班又补充了 21 名学生，其中，11 名来自我任课的另一个班初三（3），另外 10 名来自外校，他们中除了马冬同学是第二志愿考进来的之外，其他都是第三、第四或第五志愿考进来的。

1986 年高考，全班 41 名学生中，达到录取分数线的有 40 名。那位没达到录取分数线的学生，重读以后考取了大学，现在工作也很优秀。

在第一轮教育教学实验班达到录取分数线的 40 名学生中，有 27 名达到本科录取分数线，其中达到重点分数线的有 20 名，有 3 名考进北京大学、清华大学；有 13 名达到大专录取分数线。

我们班的高考平均分为 515 分，与东城区各校的校平均分相比，低于 4 所学校的校平均分，与平均分最高的学校（528 分）相差 13 分。数学平均分为 91 分（当年 120 分满分），低于东城区两所学校的校数学平均分，与校数学平均分最高的学校只相差 1 分多。

考虑到初一、高一两次入学生源的情况，应该说，班里的学生们都有了较大的进步。

(二) 对优秀学生的培养

● 1983 年，在北京市中学生数学竞赛的初三组中，第一轮教育教学实验班的王励弘获得优秀奖，在北京市排第 20 名左右。王励弘的中考成绩为 583 分（当年 600 分满分），在东城区排第三名。后来她家里搬到西郊，她就去人民大学附中上学了。当初，王励弘是第三志愿考入二十二中的。

● 1984 年，在北京市中学生数学竞赛的高一组中，林军和王瑞华获奖，在北京市排第 30 名左右。

● 1984 年，在全国高中数学联赛中，蔡冰冰在北京赛区排第 54 名，当时她刚上高二。

● 1985 年，在全国高中数学联赛中，蔡冰冰、汪大勇和苏泳获奖。其中，蔡冰冰在北京赛区排第三名，汪大勇排第 33 名，苏泳排第 44 名。

1986 年，蔡冰冰作为北京代表队（一共 3 名）的队员，参加了在天津南开大学举办的第一届全国中学生数学冬令营（即现在的中国数学奥林匹克竞赛），入选首届数学奥林匹克国家集训队，她是北京市唯一入选的选手。但后来，在数学奥林匹克国家集训队为期一个月的选拔考试中，蔡冰冰没能入选由 6 人组成的数学奥林匹克中国代表队。

当初，蔡冰冰是第二志愿考入二十二中的。

1986 年，蔡冰冰考进了北京大学物理学院，她在北京大学的成绩很优秀，北京大学物理学院还专门向二十二中寄来了奖状。

二、第二轮教育教学实验班（1986.9—1992.7）

(一) 总体情况

1986 年，小学升初中考试仍是与小学毕业考试合在一起进行的，全市统一时间，各区统一命题。

二十二中的最低录取分数线是 186 分。当时，东城区的 7 所市、区重点中学，除了一所学校为九年一贯制之外，其他 6 所中学的最低录取分数线在 188~192 分之间。

第二轮教育教学实验班录取的 40 名学生中，有 4 名的入学成绩在 192 分以上，有 7 名的入学成绩在 188~191 分之间，有 3 名是重点中学保送转来的，累计 14 名学生能达到重点中学最低的录取分数线。

有 15 名学生的入学成绩为 186 分或 187 分，累计有 26 名学生能达到二十二中录取分数线。

有 7 名学生的入学成绩在 183~185 分之间，在二十二中的最低录取分数线以下，但在全区统一择优分数线以上。

有 4 名学生的入学成绩在 171~182 分之间，为就近分配生的分数范围。

1989 年中考，有 11 名学生考到其他学校。其中，考入市重点北京大学附属中学、北京市第二中学、北京市回民中学各 1 名，另外 8 名学生考入其他非重点高中或中专。通过中考，第二轮教育教学实验班又从二十二中的初三（1）班和初三（2）班补充了 10 名优秀的学生；此外，还从三类学校招进了 3 名第一志愿考生。这样，高一（4）班一共有 42 名学生。上高二后，李擎转入文科班；彭壮壮去美国探亲，后考入哈佛大学。这样，在 1992 年高中毕业时，高三（4）班一共有学生 40 名。

1992 年高考，40 名学生中达到录取分数线的有 39 名。其中，过大专录取分数线的有 1 名，过本科录取分数线的有 38 名，过重点录取分数线的有 31 名，考上清华大学和北京大学的有 15 名。

第二轮教育教学实验班的高考平均分为 534 分，与东城区各校相比，高于所有学校的校平均分，比排在第一名的学校平均分高出 6 分。

1992 年高考题较难，总体分数都较低。东城区 660 分以上的考生有 10 名，其中有 4 名在第二轮教育教学实验班中，庄孜昀是当年东城区的理科状元。

我们班的高考成绩是突出的，如果考虑到初一、高一招生时的生源情况，成绩可以说是非常突出了。

（二）对优秀学生的培养

● 1988 年，在北京市中学生数学竞赛的初二组中，有 1 名获得二等奖，3 名获得三等奖。

● 1989 年，在全国初中数学联赛中，有 2 名获得一等奖，5 名获得二等奖，1 名获得三等奖。这样，在北京赛区的前 15 名学生中，第二轮教育教学实验班占了 7 名。

● 1989 年 10 月，在全国高中数学联赛中，刚上高一的第二轮教育教学实验班的李毅，以满分获得一等奖，廖翊民获得二等奖，吕骐、张夏一获得三等奖。李毅、廖翊民作为由 12 人组成的北京代表队的队员，于 1990 年 1 月去郑州参加第 5 届全国中学生数学冬令营的选拔考试，但最后均没有入选数学奥林匹克国家集训队。

● 1990 年 4 月，在北京市中学生数学竞赛的高一组中，有 2 名获得一等奖，2 名获得二等奖，1 名获得三等奖。

● 1990 年 10 月，在全国高中数学联赛中，有 1 名获得一等奖，2 名获得二等奖，1 名获得三等奖。获得一等奖的廖翊民，作为北京代表队的队员，于 1991 年 1 月去武汉参加中国数学奥林匹克竞赛（从本届起，全国中学生数学冬令营被正式命名为中国数学奥林匹克竞赛），并获得三等奖，但还是未能入选数学奥林匹克国家集训队。

● 1991 年 10 月，在全国高中数学联赛中，有 2 名获得一等奖，2 名获得二等奖，1 名获得三等奖，另有 7 名进入北京赛区前 138 名。这样，在北京赛区表彰的前 138 名学生中，第二轮教育教学实验班的学生占了 12 名；在北京赛区的前 10 名学生中，第二轮教育教学实验班的有 4 名，即第 1 名李毅，第 4 名廖翊民，第 7 名蒋博澜，第 9 名张夏一。

6 年前升入初一时，廖翊民是从重点校转来的保送生，李毅、张夏一的分数没过重点中学的最低录取分数线，而蒋博澜连二十二中的最低录取分数线也没达到。

考虑到北京市有市、区重点中学60所，再考虑到初一招生时的生源情况，这个成绩应该说是极其突出的。

- 在1991年举行的全国中学生物理竞赛中，庄孜昀获二等奖。
- 1992年1月，有4名学生作为北京代表队的成员，参加在北京举行的第7届中国数学奥林匹克竞赛，但他们都没能入选数学奥林匹克国家集训队。

与第一轮教育教学实验班相比较，第二轮教育教学实验班显然有了质的飞跃。

从第二轮教育教学实验班开始，我把教学改革的着眼点放在以下几个方面：

> 一是从如何将知识教好，让学生学透、掌握扎实、应用好，转移到通过知识的教学培养学生的能力、在能力提高的基础上不断发展和完善学生的智力素质；
>
> 二是从如何培养学生的能力，转移到造就他们强大的头脑，把不聪明的学生变聪明起来，让聪明的学生更加聪明的方针上来；
>
> 三是师生共同探索一条教学和学习上崭新的道路，一套教学和学习上崭新的做法。

三、第三轮教育教学实验班（1991.9—1997.7）

前面已经说过，我为了快出人才，在第二轮教育教学实验班还没毕业时，就接手了第三轮教育教学实验班的新生入校。这样，在1991—1992学年，我就同时担任高三（4）和初一（1）两个班的班主任，同时教这两个班的数学。

（一）总体情况

1991年，小学升初中考试仍与小学毕业考试合在一起进行，全市统一时间，各区统一命题。

在东城区，7所市、区重点中学，除了有一所学校为九年一贯制之外，其他6所中学的最低录取分数线在192～194.5分之间。

二十二中的最低录取分数线是189.5分。在东城区，187.5分以下的考生，按就近分配入学。

我详细统计了第三轮教育教学实验班的入学成绩和生源情况：

- 192分以上，16名；
- 189.5～191.5分，5名；
- 187.5～189分，4名；
- 181～187分，16名；
- 有2名从重点中学转来的保送生，分别是郝媛和邢天昊；

- 有 1 名从小学 5 年级跳一级上来，是没有参加入学考试的曹珺；
- 还有 1 名来自宣武区的学生，她的成绩属于就近分配入学，是半年以后转入我们班的。

以上有分数的学生的平均成绩为 189.54 分，与二十二中其他 5 个班的生源质量持平。

中考时，第三轮教育教学实验班 6 个科目总分加上体育成绩（体育满分 30 分），全班平均分为 583.5 分，高于北京市任何一所中学的校平均分（高出排位第一名的中学 16 分以上）。东城区有 600 分以上的考生 82 名，其中我们班有 10 名。

中考时，我们班有 4 名学生考到重点中学，另有一名学生刘晓宇，高一开学后被国家理科实验班选走。高一时，我的一位亲戚的女儿姜蕾考进二十二中并进入我们班，当时她的成绩低于绝大多数学生，在二十二中高一新生的成绩中排最后一名。郝媛在高三第一学期期末，去日本学习日语，并于一年后的 1998 年年初（日本是春季入学考试），以优异的成绩考入日本早稻田大学，是 15 名外籍考生中唯一被录取的。进入早稻田大学以后，郝媛以优异的成绩，得到一年 140 万日元的两项奖学金。

这样，1997 年高三（1）班参加高考的有 40 名。

与前两轮教育教学实验班不同的是，除了姜蕾以外，其他学生都是初一入校的。这期间，我没有淘汰差生，也没有分流，也没做"技术处理"（即将成绩差的学生冠以"特长生"等，不计入统计范畴）。初一下学期进入我们班的林雨，虽然她的学习一直很吃力，但她是我们班集体中不可分离的亲密伙伴，我们决不抛弃任何一名伙伴。

回头看这 40 名学生初一入学时的成绩水平，在 192 分以上的，即能达到重点中学中最低录取分数线的，有 14 名；属于就近分配入学分数范围的，也是 14 名。初一入学时学习成绩最低的 10 名学生，仍在我们班上。

1997 年高考，40 名学生全部达到录取分数线，39 名过了本科分数线，38 名过了重点分数线。其中，22 名考入北京大学、清华大学，占全班人数的 55%。

前面写过，由于陆征同学是第二年考入北京大学的，因此没计入这 22 名学生之中。但他第一年的高考分数已经超过重点分数线 102 分，故计入过了重点分数线的 38 名学生之中。

1997 年高考，是近几年来题目最难、分数最低的一年。我们班的平均分为 558.67 分，高于北京市任何一所学校的平均分，数学、物理、化学和英语四科的平均分的情况也是如此。在东城区，我们班的平均成绩为 558.67 分，比排位第一名的学校的校平均分高出 43 分。全区 600 分以上的考生有 26 名，我们班占 9 名。

这些数字表明，经过 6 年的时间，学生的智力素质都得到大幅度、普遍的提高。

那我们班的成绩是不是通过应试教育取得的呢？

我们可以理直气壮地回答："不是，绝对不是！"

大家可以看看我们班的学生 6 年来的学习和生活情况：

- 数学课不留硬性的家庭作业，也不收作业；
- 不订辅导练习册，其他科目的作业也很少；

- 下午两节课后不加课，双休日制度后，星期六不上课；
- 每天保持9小时左右的睡眠（多数学生的睡眠时间是9小时，少数学生的睡眠时间是8.5小时，个别学生的睡眠时间是8小时）；
- 6年如一日，每天放学后学生们都去操场跑步；
- 6年前，我们班的平均身高最矮小，6年后，我们班的平均身高在年级里最高。

智力素质的提高，造就了学生们强大的头脑，他们善于学习、善于运用、善于分析和解决问题。在考试时，在题目面前运筹帷幄，纵横捭阖，自然把题目打得"落花流水"，从而取得优异成绩。

应试教育常常会忽视德育、体育和美育，而我们班恰恰相反，这在前面已有清晰的阐述。

（二）对优秀学生的培养

- 1992年年初，北京市"迎春杯"数学竞赛初一组，我们班榜上无名。
- 1993年4月，在北京市中学生数学竞赛的初二组中，张海飞获得二等奖，在北京市排第28名。
- 1994年4月，在全国初中数学联赛中，刘晓宇和刘婷获得二等奖，闫珺获得三等奖。
- 1994年4月，在北京市中学生数学竞赛的高一组中，刘婷获得三等奖。
- 在1994年4月的北京市外语竞赛上，刘晓宇和刘婷获得二等奖，闫珺获得三等奖。
- 1994年10月，在全国高中数学联赛中，闫珺获得二等奖，入选北京代表队。
- 1995年1月，在第10届中国数学奥林匹克竞赛中，闫珺获得三等奖。
- 1995年10月，在全国高中数学联赛中，闫珺、杨维华和刘婷获得一等奖，戴强、温世强、陈帆、廖东南、陈硕和李毅获得二等奖。

从本届开始，北京赛区扩大全国中学生数学联赛的获奖名额，一等奖由原来的5名扩大到30名，二等奖由原来的10名扩大到30名，三等奖由原来的15名扩大到80名，累计140名。

- 1996年1月，在第11届中国数学奥林匹克竞赛中，闫珺获得一等奖，入选数学奥林匹克国家集训队。
- 1996年3月，在数学奥林匹克国家集训队为期一个月的选拔考试中，闫珺又以总分第一名的成绩，入选由6人组成的数学奥林匹克中国代表队。
- 1996年5月，在第7届"希望杯"全国数学邀请赛中，闫珺获得一等奖。
- 1996年5月和8月，在第四届"雷达表"中国青少年科学英才奖竞赛中（考试科目有数学、物理、化学、生物、天文、地学、外语、作文和计算机），北京市获奖学生一共有4名，我们班占了两名，分别是陈硕和闫珺。
- 1996年7月，在第37届国际数学奥林匹克竞赛中，闫珺获得金牌，为国争光（中国代表队6名中，福建陈华一、北京闫珺、四川何旭华获得金牌，上海刘拂获得铜牌）。

- 1996年10月，在全国高中数学联赛中，闫珺、戴强、王一、杨维华和廖东南获得一等奖，刘婷、温世强和任晓军获得二等奖，李毅、陈硕、李冰、李谧、黄刚和陈帆获得三等奖。
- 1996年10月，在第13届全国中学生物理竞赛中，陈硕获得二等奖。
- 参加东城区每年举行一次的数学竞赛。自上高中以后，我们班的学生更有绝对的优势，班里一半的学生都能获奖，并且占据了竞赛一等奖、二等奖的大多数名额。在1996年东城区数学竞赛上，高二年级一等奖一共有5名，都是我们班的学生。
- 1997年1月，在第12届中国数学奥林匹克竞赛中，闫珺获得一等奖，戴强获得三等奖。闫珺入选数学奥林匹克国家集训队。

同年3月，在为期1个月的数学奥林匹克国家集训队内进行的选拔考试中，闫珺以1名之差，没能入选由6名考生组成的数学奥林匹克国家代表队。

第三轮教育教学实验班中学习特别突出的是闫珺。从1995年至1999年，他是北京市唯一一个在国际数学奥林匹克竞赛中获得金牌的学生，也是自1986年中国参加这项竞赛以来，获得金牌的学生中唯一来自非重点中学的学生。1991年闫珺升入初一的入学成绩是191分，而当年东城区重点中学的最低录取分数线是192分。

前面提过，第二轮教育教学实验班在提高学生整体智力素质上的成绩是非常突出的，在培养优秀学生方面的成绩也是惊人的。

那么，第三轮教育教学实验班，无论从整体上，还是从培养优秀学生方面上来看，成绩更是惊人的，甚至让有些人难以置信。

我们更新观念，通过实验一套教学和学习上崭新的做法，探索出教学和学习上的一条崭新的道路。一切围绕造就一个强大的头脑，提高思维水平，将德育、智育和体育融为一体、紧密结合，学生的智力素质可以得到普遍、大幅度的提高。

和第二轮教育教学实验班相比，无论在整体方面还是在培养优秀学生方面，第三轮教育教学实验班又前进了一大步。在第二轮教育教学实验班，我们处在"创业"阶段，不断总结它的失误和成功，到了第三轮教育教学实验班，工作自然就做得更好些。

第三节 思想品德素质得到优化

我带的这三轮教育教学实验班都是二十二中、东城区教育局、北京市教育局的先进班集体。第三轮教育教学实验班高中毕业时，全班都是共青团员，班长王一同学光荣加入中国共产党。

但是，比数字更可靠的，是下面两个方面的情况：

第一，是实实在在的班级生活。本书第二章第五节"崇高的理想，产生巨大的力量"中列举了部分事例来说明，我们班学生的思想品德素质的提高是坚实的。由于篇幅的限制，我们只列举了第三轮教育教学实验班的例子。事实上，在思想品德素质的提高上，这三轮教育教学实验班的情况是相同的。

写到这里，我想提一件令我终生难忘的事情。

1987年秋，第二轮教育教学实验班刚上初二，下午课后跑步，那时二十二中正在操场上施工盖新楼，课后的跑步在大街上进行。为了安全起见，学生们不排队，而是三三两两地跑。我们班有两名学生从安定门内大街拐进大头条胡同时，看到一位老人坐在路边一家门口的台阶上，似有苦楚。于是，这两名学生就停下来了解情况。老人说刚才崴了脚不能走路，便坐在了这里。

"是不是摔坏了骨头，应该上医院去呀？"这两名学生说。

"脚痛！走不动了。"老人回答。

听到这里，这两名学生商量了一下，其中一名学生留下来陪老人，另一名学生则跑回学校叫人。这时，我们班上只剩下五六个学生在收拾书包准备回家。听同学一喊，大家都跑去帮忙。

这些十几岁的孩子围在老人身边，商量该怎么办。

他们3人一组地轮班换，硬是把老人抱去了北京市第六医院的急诊室。

之后，他们连抱带背，带着老人上下楼、照片子、看结果、拿药。

最后，医生诊断老人骨折了。这可怎么办？他们不敢再背了，担心自己的力气控制不好，把老人的骨折弄严重了。于是，有两名学生照着老人说的地址，去找她家里人。

老人身上没带多少钱，即使孩子们把钱都凑出来，还是不够。于是，有两名家离医院近些的学生，跑回家找父母要钱。

报信的那两名学生，大约晚上8点才找到老人在和平里的家。老人的儿子来了之后，对孩子们千恩万谢。

第二天到学校，这群孩子谁也没告诉我发生的事情。直到3天后，老人的儿子把感谢信送到学校，我才知道。

这样的事例，有力地证明了学生们思想道德素质的提高。

第二，时间来考验，历史做见证。下面，我将道其详。

第四节　延伸时间，展望未来

前面我曾写过这样一句话：

如果说，德育是否成功，还要等待历史的检验，那么今天在一件件关天大事上学生的心灵表现，不是在我们瞻念前途时，更令我们备受鼓舞吗？！

这里所说的"前途"，是指学生们的未来，离开中学以后的岁月。

一、在学习能力方面

1998年2月，第一轮教育教学实验班的学生们离开中学已经12年了，大学毕业也8年了。二十多个学生来到我家，他们中的大多数人已经成家，在单位上也承担着一定的管理工作，用当年团支部书记苏泳的话说："孙老师，让他们来看看吧，咱们班的学生现在在单位里，哪一个不是好样的，哪一个不是让领导和同事们夸奖的。这与我们在中学为他们打下一个良好的基础，是分不开的。"

而到1998年，第二轮教育教学实验班的学生离开中学已经有6年，其中大部分时间是在大学里度过的，他们在大学里怎么样呢？

下面，我以在北京大学、清华大学的学生为例来说明。

考入北京大学、清华大学的15名学生毕业后，有6名学生，即李毅、吕骐、林涛、蒋博澜、殷蕾和王君出国读全额奖学金的研究生；有5名学生在国内被保送为研究生，即廖翊民、戴亦欣、杨宁、王勇和吕华威。这是学生高中毕业后，德育、智育、体育发展水平的一种标志。

第二轮教育教学实验班考进清华大学的8名学生中，有4名多次获得过奖学金，他们是吕华威（材料学院）、戴亦欣（自动化系）、蒋博澜（计算机科学与技术系）、廖翊民（电机工程与应用电子技术系）。清华大学和北京大学的学生获得奖学金的比例，大约占学生总数的1/3，而我们班在清华大学、北京大学的学生获得奖学金的比例则为1/2，其中，有2名还获得一等奖学金。吕华威在班上的思想品德表现排第一名、学习成绩排第二名、体育成绩排第一名；戴亦欣的思想品德表现在班里排第二名、学习成绩排第一名、体育成绩排第一名。而且吕华威和廖翊民在他们的班中都担任班长。在北京大学的7名学生中，有3名获得奖学金。

那么，第三轮教育教学实验班的学生呢？

有9名学生在自己所在的系、班级中担任学生会副主席、部长、班长或团支部书记。这在一定程度上，说明他们的综合能力是比较强的。

当然，更重要的是他们的实际表现。

以考上北京大学、清华大学的22名学生为例，他们的分布如下。北京大学13名，物理学院谢辉和雷易鸣，数学科学学院闫珺、戴强、杨维华、孙兴、桂宁、曹珺和邢天昊，生命科学学院桑丽芸，化学与分子工程学院李晓崧和张悦，电子学系张海飞。除了这22名学生之外，陆征第二年考入北京大学光华管理学院。清华大学9名，经济系王一，电子工程系陈硕，计算机科学与技术系温世强、刘婷和李毅，自动化系廖东南和任晓军，建筑系陈帆，工程力学系张骥。

1998年9月，一位新华社记者采访了北大数学科学学院的负责人。她说进入数学科学学院的7名学生的学习水平都在中等以上，并且有2名学生担任数学科学学院的学生会部长（大学本科一年级的学生在以前很少有担任学生会部长的）。事实上，我们班在北京大学、清华大学的学生，有1名担任学生会副主席，2名担任学生会部长，2名担任班长，还有1名担任团支部书记。1999年1月27日，我见到北京大学数学科学学院的另一位负责人，他称赞第三轮教育教学实验班在北京大学数学科学学院的学生的全面素质很好。

第一学年，第三轮教育教学实验班在北京大学、清华大学的学生，有6名获得奖学金，其中有2名获得一等奖学金。第三轮教育教学实验班在北京大学、清华大学的22名学生，除了4名以外，学习成绩都在中等以上。

李毅同学考入清华大学计算机科学与技术系的成绩是599分，在系里排倒数第一名，一年以后，他的成绩在班里排第三名，并获得学校二等奖学金。

二、在思想品德方面

上面讲了三轮教育教学实验班在学习能力方面的表现，那么他们在我们更看重的思想品德方面表现得如何呢？

1998年，在北京大学建校一百周年的校庆庆典之后，校领导慰问跳背景操的学生们，每人发一套纪念邮册，价值数百元，但只有参加全部排练的人才给发放纪念邮册。有一次，曹珺参加学生会干部的会议而没有参加排练，她立即告诉老师自己没有全勤参加排练，不能领纪念邮册。有的同学说她傻，因为没有全勤的人有许多，只有她一个人举手。而曹珺认为自己应该举手，诚实，是我们班做人的准则。

桑丽芸是北京大学1997级军训结束典礼的主持人，她良好的素养和能力，深得老师和同学的好评。

1998年年初的寒假，第三轮教育教学实验班的许多同学，如杨维华、陈帆、曹珺、孙兴、桂宁、温世强等，给中学生做义务家教。杨维华辅导一名小学生三十多天，之后这名小学生在参加的数学竞赛中获得二等奖，学生家长送给杨维华3000元作为酬金，杨维华把钱全数退还回去。因为，我们要做有丰富感情的人，热心助人，这正是我们班的第三条道德标准。1998年，我们班的8名学生参加北京市"迎春杯"数学竞赛的阅卷工作。1999年，则有15名学生承担全部北京市"迎春杯"数学竞赛的阅卷工作。

北京大学物理学院的雷易鸣，暑假期间自带面包当午餐，到香饵胡同的希望工程工作站当志愿者，在那里度过自己宝贵的暑假。

第三轮教育教学实验班在其他大学上学的18名学生的表现，同样令人鼓舞。

在北京工业大学有3名学生，李冰在他班里的成绩排第一名，李谧在他班里的成绩也是排第一名，男生们提出"学李谧，赶李谧"的口号。

北京理工大学的黄刚，把家境困难的外地同学请到自己家里过中秋节和国庆节。前面说过，北京信息工程学院的郭绍汾，寒假一个人留在学校，一面搞宿舍卫生，一面等全班的分数下来，然后再一一打电话将成绩通知给已经回到家里的同学。

这18名学生中，也有不少人在大学获得奖学金，特别是，林雨也获得了中国民航大学的奖学金，消息传来，同学们欢呼雀跃、奔走相告。我们的集体都为每一名伙伴的一点一滴的进步而高兴，同时也绝不让任何一名伙伴掉队。

希腊神话中有这样一个故事：

> 相传很久以前，有一位英雄，大地是他的母亲。他的力气很大，敌人望而生畏。
>
> 在战斗中，这位英雄也有过力渐不支的时候，这时，他就跳下马来，俯在地上，从大地母亲的胸怀中汲取力量，然后翻身上马作战，敌人被他打得落花流水，闻风而逃。
>
> 后来，敌人知道了这个秘密，便设法使他无法下马，隔离了他和大地母亲的接触，最终打败并杀死了他。
>
> ……

每名学生都没有忘记自己的中学时代，没有忘记在那里建立的理想和追求，那是自己生活和学习的沃土，是得到鼓舞和力量的源泉。

1999年1月30日，在北京工业大学的杨远航打电话告诉我，他已经顺利地解决了在大学一年级第一学期时心里的一些别扭，他说：

> 我把咱们班在运动会上的照片带到了学校，每当思想上有彷徨时，就拿出照片看看，一想起咱们班，我就很受启发，浑身充满了力量。您放心吧，我现在一切都很好……

1998年8月杨远航来看我时，曾向我讲过他思想上的一些波动，对一个追求进步的好青年来说，那本是很正常的一些思考。现在，他又走到了所在班级的前列。

有一天，我来到清华大学建筑系陈帆的宿舍，看到了贴在他床头墙上的大幅宣纸上，他用漂亮的隶书写下了在我们班最后一次班会上我给学生们提出的上大学后的10条要求。陈帆给它起了一个响亮的名字，叫作"大学生活十律"。

他宿舍的同学说，来过他们宿舍的客人，都要赞赏地看上它几眼。

大学生活十律

一、诚实正派正直，立志为人民多做贡献，有丰富感情

二、闻过则喜

三、每日三省严己

四、择友应选正派之人

五、遵纪守法

六、不盲从，遇事三思

七、加强锻炼

八、主动征求意见

九、不抽烟

十、不玩电子游戏

1997年8月　陈帆

这使我想起了 1997 年 8 月陈帆拿到录取通知书后，他到我家送我的一首词，是刚劲的柳体，书写在整张宣纸上。

> 满江红
>
> 取次故园，饮槐雨、梧桐树碧。心潮涌，百多往事，千端思绪。爱极怒骂催奋起，寒风彻骨锤痼疾。他年纵是天涯路远，深情记！
>
> 谆教诲，呕心育。恩师志，誓相继！畅胸怀，荡尽长空万里。不信前程有荆棘，敢教苍天漫豪气。笑碧海、波浪弄轻舟，回眸际。

接过赠词，我一句一句说了我的理解。

前两句，"取次故园，饮槐雨、梧桐树碧。"这是回到了二十二中，操场边古老的国槐，花园里挺拔的梧桐树。

接下来，"心潮涌，百多往事，千端思绪。"不言自明。

再往下，"爱极怒骂催奋起"。

我笑了，说道：

"你这是，善心能体会我的好意，不过，我可是要改正自己的粗鲁了。"

他笑了。

继续往下，我蹙起了眉，"寒风彻骨锤痼疾"，我说：

"你的善心我明白，我似乎不记得，曾经大冷天，在室外长时间地批评你。当然，我知道你这是艺术的夸张……"

他腼腆地笑了，欲言又止。我请他讲：

"不是您说的意思，我是指，那次您迟到了，您到教室外面罚站，您已经身患重病，那是我永远不会忘记的……"

我无话说了，我能怎么说呢？

这就是陈帆啊！这就是我们班的每一位同学，他们都有一颗善良的心。

陈帆告别了我，告别了二十二中。"恩师志，誓相继！""不信前程有荆棘""笑碧海、波浪弄轻舟""敢教苍天漫豪气"，他充满信心地走进清华园。

清华大学建筑系 97 级（2）班的同学们，推选陈帆当了班长。在《班刊》第一期上，他写了下面这首诗，抒发他的抱负、他年轻的心和他的号召。

> 建筑人生
>
> 二十七幅从未相见的容颜，
> 二十七个互不相同的昨天，
> 为了理想与人生，
> 从海角天边

我们相聚在清华园。

在这神秘的空间,
曾经孕育了多少英贤;
在这狭小的空间,
不停地
碰撞、挤压、舒展、扭曲着
理想与实现!

已不是昨天,
再也不会瞪着眼睛
讨论李清照改嫁的时间,
儿时的岁月化成一段感觉,
珍藏在你我心间。
茫茫的宇宙,
短短的人生,
地球依旧在画圆。
浪漫而艰辛,
建筑人生
——这是我们的誓言。

每日沉浮于莘莘学子间,
黏稠的岁月
凝成了厚重的笔杆;
温馨、甜蜜、寂寞、彷徨
沉淀在心灵的笔端;
爱情的玫瑰红,
事业的蝴蝶蓝,
任我挥洒,任我渲染。

步入古老的清华园,
就注定将担起明天。
她那神秘的魔力啊,
让你不得不奋发向前。
我们不会忘记自己的抱负:
建筑人生,
兰芳碧坚!
让这最美的音乐

与白云一同飘向

那被太阳熔化了的蓝天。

陈帆，和他的新伙伴们一起，将建造一座座宏伟的大厦，也将建筑美丽的人生大厦。

王一呢？这位我们班 6 年的班长和团支部书记，这名二十二中近三十年来第一位学生党员，他来到了另一个神秘的空间——清华大学经济管理学院经济系。

这里同样汇聚了踌躇满志的有为青年，班上的共产党员就有 4 名。

大学一年级第一学期，王一担任班级生活委员，他像在中学一样，埋头实干。

大学一年级第二学期，王一被选为班长，大学二年级，他又当选为班长。

上任伊始，王一说，要像建设我们当年的高三（1）班一样，建设好经七（5）班。

在王一的带领下，班里拿到第一个"早操全勤班"的称号；他带领同学们去山东济宁，获得了学院的优秀社会实践奖。

进行个人素质评估（德育）时，班里的同学们给了王一全班最高的分数。刚刚成立的清华大学经济学会，王一被推选为会长。

第一段时间的延伸已经作证，这三轮教育教学实验班育人的事业是扎实的。展望继续延伸的岁月，我们有理由充满信心。

第五章　言犹未尽，反思未已

一、更新观念，精心地调整做法

我的三轮教育教学实验已成过去，历史的车轮却继续向前，我能为教育工作的进步提供什么教训和借鉴呢？

事实上，17年间，我常常一觉醒来时，觉今是而昨非。

古希腊学者赫拉克利特说过：人不能两次踏入同一条河流中。

他的意思是说，河流名称依旧，河流运动、涛声依旧，但今天的河水，已非昔日，此刻的水，亦别于须臾之前。

河水总是滚滚向前，社会不断进步。

教育工作，也要不断地更新观念，精心地调整做法。在学生智力素质的提高上，我的第二轮教育教学实验比第一轮教育教学实验有质的飞跃；而在智力素质的发展上，第三轮教育教学实验比第二轮教育教学实验又有显著的进步，就是这个原因。

现在回头看第三轮教育教学实验，我又感到其中亦颇多值得反思的地方。

这一切说明，生命在于运动，教育事业的生命，在于不断地探索革新，不断地改革实践。

通过三轮教育教学实验，我认为有以下两点，在可以预见的时间内应当是不变的：

其一，学生需要德育、智育、体育全面发展。这几个方面不是一般地结合，而要像冶炼合金钢那样，使它们完全熔融在一起，这不仅是结果的熔融，更是过程中的不断熔融。

其二，教师要使学生得到真正的智育，是造就他们强大的头脑，而不总是满足于难点怎么突破，重点如何讲透；不是总津津乐道于这个捻儿怎么砸，那个地儿怎么讲，这个知识怎么易于接受等；不总是知识、知识，到头来还是停留在知识上。因为对于一个极聪明的人来说，一目十行，过目不忘，知识不在他话下。但只在知识的海洋里徜徉，永远是小家碧玉。

当然，强大的头脑不会在真空中造成，强大的头脑，是高扬的思维水平，它是在传输和汲取人类智慧结晶的知识的教学和学习中润渍汇流，日渐规模的。为了这个目的的教学和学习，不能肢解生命，为渊驱鱼，为丛驱雀。

我上课不拿讲稿，没有教案，是我实在不愿扼杀生命，不愿扼杀知识的生命，不愿扼杀学生盎然的思考生机。因为万物本当是浑然一体的，所以在我的数学课堂上，物理、化学、军事、体育、交响乐、历史掌故、唐诗、宋词、国际风云、世界地图等内容才争涌而出。这是兴之所至，心血来潮吗？不，这是返其本来面目，返还自然！

有人问我，教学是自然科学，还是社会科学？

我实在回答不出来，在我心里，都是，又都不是。我以为，课堂教学，那是艺术的科学，也是科学的艺术。

教育呢？那是艺术的呕心沥血，也是心和血的艺术。

有人总想寻找一些捷径，以为教育部门统一建立几个德育教育基地，学生多看几部爱国主义电影，就不用班主任绞尽脑汁地思考如何教学，也不怕班主任水平不齐了。

仅仅这样做是不行的，有血有肉的学生，最需要的是用班主任的真情来打动他们。

有人说想建立这样或那样的科学教学模式：这种型那种型，这个法那个法，仿佛几个模块一组合，学生就学会了，教师也不怕自己的水平不高了，谁都可以拿过来操作，好像这样做才是让教学走向科学化。

我并不排斥这些改进做法，但它们只能在睿智的教师的取舍应用时，才会起到作用，因而不会有人人上来就可以操作的教学模式。以其昏昏，使人昭昭，是行不通的。为了提高教师素质和水平，我们必须要付出艰辛和努力。

如果说教育教学上有诀窍，我今天的认识是：德育、智育、体育要熔融为一体，涉及头脑、心血和艺术三个方面。

这里说的头脑，当然是指提高智力素质的核心，是致力于造就一个强大的头脑。

但上面讲到，以其昏昏，是难以使人昭昭的，所以教师本人应当具备理想的思维水平。

我本人并不聪明，思维水平原本不高，但我现在有进步，一个重要的做法是：**解放学生，接受学生的挑战，向学生学习。**

前面第一章写过，我们课堂教学的方式是，教师要造成"使学生超前思维、'反对'孙老师的态势"，学生敏锐的反应、深刻的见地令我受益。初中时，学生们就阅读相对论，应用排序不等式，运用哥德尔定理；上了高中，学生们向我提出"混沌学"里的问题；上了大学，像雷易鸣就曾打电话和我讨论数学物理方法，以解答同学们提出的问题。

这也是三轮教育教学实验甫毕，我的切肤感受之一，即不要把学生禁锢在狭小的教材、框框和笼子里面，更不要在知识上师道尊严，要解放学生，鼓励学生进军广阔天地，和学生平等探讨，让真知服人。这不但于学生，而且于教师本人，实在是永葆青春的妙药。现在的我，真心留恋我那五尺讲台。

我曾收到陆征寄给我的一张新年贺卡。

孙老师：

　　现在才感到您在那狭小的讲台上带给我的世界是何等的宽广！感谢您十年来为我付出的心血。

　　祝您新年快乐，早日恢复健康！

　　　　　　　　　　　　　　　　　　　　　　您的学生　陆征
　　　　　　　　　　　　　　　　　　　　　　1998年岁末，于北京大学

事实上，学生们也同时带给我广阔的世界，让我继续进步。

二、一分为二的原则

辩证法有一条原则——一分为二，这是真理。

回顾17年的实验，我一旦离开这条原则，无论教学还是教育，都会出现偏差，使我的工作受到损失。

离开的原因，或者是潮流的影响，或者是本身的局限性或偏颇。

例如，我读高中时，各学科老师就没让学生们交过作业，20世纪80年代，一兴起让学生减轻负担，就引起我的共鸣。从1988年至今，我就没有留家庭作业。从出发点来说，不留作业是为了保证学生9个小时左右的睡眠时间，这样做是完全正确的；而且免去学生不必要的重复练习，增强学生的自主性，也是正确的。但我这里，却有一刀切之嫌，不分学生，不分学习内容，一概地不指定硬性作业，不要求学生动笔认真做题，也不要求学生上交作业。这一方面会使个别没有远见的学生，忙于完成其他学科的作业，而长期放弃数学；另一方面，长期不动笔、不真刀真枪地演练（我们班是高三以后才进行练习的），只是课堂上在黑板上分析和讨论表述过程，应当说，这对于提高学生的思维能力和培养他们正确表达的能力，是一个高层次的方式，但无济于提高学生运算的速度和熟练度，特别是对于学习水平较低的学生来说更是如此。

又如，关于写教案。

教师备课时投入精力，多多益善，但是不是一定落实在一份事无巨细、洋洋洒洒的教案上，也要辩证地对待。

20世纪60年代，领导表扬一些教师利用假期写出半学期的教案，我也学他们这样做。但我实践时才发现有两个弊端：其一，用时翻开教案，恍如隔年，一些当时汹涌的构思已楼去台空，还得重新酝酿；其二，半学期前，怎能预见今日进展情况和学生状态呢？

于是，20世纪70年代，我改为头一天晚上写教案。有时，我免不了只匆匆看几行教案，便忐忑上了讲台。这时，我反倒没了牵挂，纵身狂澜，真正逢山开路，遇水架桥，和学生一起，翻江倒海，如醉如痴了。全然不受事先设计的"精彩篇章"的束缚，反而见景生情，真真的是妙语串串，妙趣横生。

因此，20世纪80年代以来，我干脆不写教案，这迫使我要设计出情节，从幕启到高潮，把一部剧本刻在脑中，去舞台上演出。我的体会是：**教育和教学，都是艺术的科学，科学的艺术，但是，离开辩证法则不宜。**

其一，新教师要写教案，详写一次的过程，是一次深入学习教材的过程。

其二，写教案的过程本身比讲课用它更重要。写，是为了成竹在胸，任你挥洒，而不要用它作"本"来"宣科"。而教师在讲课过程中看教案，哪怕只是几眼，或照着教案在黑板上抄写，对于已入佳境的学生，有如用小刀割破一幅名画。

其三，随着教师教学水平的提高，把用来构思琢磨教案并将其刻印在脑海中所花费的时间，比把教案写到纸上更有价值。

其四，相比之下，教师课后追记讲课内容，大有裨益。

其五，写不写教案，宜视情况而定，有时或者需要写几个备忘句子。各学科情况亦不相同。我近十几年来只字不写，也离开了辩证法。

再如，我特别提倡诚实、正派、善良、真诚待人、舍己为人。后来学生们毕业了，一位家长在一次座谈会上说，孙老师就是没教孩子怎样识别坏人，连他自己都上了居心叵测的人的当。看来，教会学生注意分辨真伪和识破欺诈，也是有必要的。

……

任何偏颇，都是离开了辩证法的结果。

因此，我衷心希望，我的认识仅仅是作为读者的参考。

三、结语

在结束对三轮教育教学实验的回顾时，我衷心感谢我的领导和朋友们，感谢和我一起风雨同舟、共同探索的三轮教育教学实验班的全体教师。

我的朋友周沛耕老师说过："教师的一切成就，都是学生给予的。"

我衷心感谢和我风雨与共、血肉相连的全体学生和他们的家长。

我还有很多话想要说，言犹未尽；想总结的经验还很多，反思未已。

好在一个新的世纪就要到来，我们又会登上一座高峰，看得更高、更远。到那时，再说、再思，也许会更加言简意赅，更加科学。